T0061986

LAS FLORES DEL MAL

2 biblioteca **edaf**

Charles Baudelaire

Las flores del mal

Traducción, introducción y notas de
Pedro Provencio

www.edaf.net

MADRID - MÉXICO - BUENOS AIRES- SANTIAGO

2023

© Traducción, introducción y notas: Pedro Provencio
© 2023. De esta edición, EDAF, S. L., Jorge Juan, 68 · 28009 Madrid (España)
Diseño de cubierta y de interiores: Gerardo Domínguez

Editorial Edaf, S. L. U.
Jorge Juan, 68. 28009 Madrid
http://www.edaf.net
edaf@edaf.net

Algaba Ediciones, S.A. de C.V.
Calle, 21, Poniente 3323, Colonia Belisario Domínguez
Puebla, 72180, México
Teléfono: 52 22 22 11 13 87
jaime.breton@edaf.com.mx

Edaf del Plata, S. A.
Chile, 2222
1227 Buenos Aires (Argentina)
edaf4@speedy.com.ar

Edaf Chile, S. A.
Avda. Charles Aranguiz Sandoval, 0367, Ex. Circunvalación
Puente Alto, Santiago, Chile
edafchile@edaf.net
comercialedafchile@edaf.chile.cl

7.ª reimpresión en esta colección: febrero 2023

ISBN: 978-84-414-2149-3
Depósito legal: M-44.616-2009

Impreso en España · Printed in Spain
Impreso por Service Point

Índice

Poemas añadidos a la edición póstuma (1868)

Retazos

Introducción

El personaje y sus escenarios

El autor de *Las flores del mal* hizo todo lo posible por que nos fijáramos en él como quien observa al ejemplar humano más digno de estudio, pero esa actitud exhibicionista ha sido adoptada demasiadas veces en la historia —de la literatura o de cualquier disciplina— como para que nos dejemos embaucar por su transparente mecanismo seductor. Bajo su porte altivo, enfundado en trajes diseñados por él mismo y al otro lado de sus desplantes provocativos, Charles Baudelaire llevó una vida de escritor afanoso, problemático pero persistente, depresivo pero batallador, entregado a una tarea que dio frutos sobrados para que, a la hora de leerlo, su biografía no limite la apreciación de su obra. Seríamos injustos con él si no destacáramos, sobre extravagancias intrascendentes y comunes a tantos otros, el esfuerzo intelectual y a la vez angustioso de quien fue tejiendo, día a día, una obra que, ya en los últimos años de su vida, empezó a ser considerada imprescindible, es decir, clásica.

Aunque parezca redundante, lo antedicho resulta obligado especialmente en este comienzo del siglo XXI —hasta el que Baudelaire no creía que la humanidad fuera capaz de sobrevivir—, cuando el imperativo de la imagen personal de escritores, artistas o simplemente famosos rentables imprime tal carácter que llega a colorear con un baño de idolatría eso que se llama «la actualidad», tan parecida a las sociedades primitivas en sus mecanismos de atribución simbolizadora o de hieratismo automático. La pátina de notoriedad que cubre los libros clásicos de cualquier género ha cobrado un relumbrón que sobrepasa, aunque sea vacuamente, aquella autoridad reconocida hace siglos por los renacentistas a los grecolatinos recién descubiertos. Entonces los escasos lectores se acercaban a Virgilio o a Platón solicitando de ellos sabiduría —«atreviéndose a saber», como después diría Kant—, mientras que la mayoría de los lectores de hoy apenas les piden a los clásicos de siempre algo más que la sombra de su prestigio, una o dos citas deformadas por su falta de contexto, alguna anécdota estrambótica y el silencio completo aunque bien encuadernado en la sala de estar. Es una de las consecuencias del «progreso», un fenómeno socioeconómico que se iniciaba ante los ojos indignados de nuestro poeta y contra el que dirigió diatribas tan agrias como inofensivas.

Entre las numerosas imágenes que se conservan de Baudelaire sólo hay una en la que se le vea trabajando. Se trata del retrato firmado por Gustave Courbet donde vemos al poeta, joven aún, leyendo atentamente un libro apoyado sobre una mesa mientras fuma en pipa. La blanca pluma de ave se yergue vertical sobre el tintero. Se diría que al personaje no le importa nuestra observación. Pero ninguna de las fotos para las que posó nos lo muestra en esa actitud laboriosa; Baudelaire se enfrentó bastantes veces a la cámara recién inventada, y siempre lo hizo mirándonos con gesto grave, abrumador, casi agresivo. Sin duda quiere convencernos de que estamos ante un hombre excepcional, soberbio y admirable, pero a la vez parece asegurarnos que no es feliz, que no cree poder serlo y hasta que, como él mismo afirmó, la felicidad es asunto de personas vulgares. Por supuesto, esa mirada nos remite a sus palabras, y cuando hemos leído los poemas en que el personaje de las fotos ha ejercido su arte, sílaba a sílaba, frase a frase, comprendemos que la pose del autor, siendo perfectamente representativa, se reduce a una simple estratagema egocéntrica, mientras que su obra desvela por sí misma honduras y esplendores literarios gracias a los cuales el lector puede sentirse, no digamos dichoso para no irritar al poeta, pero sí afortunado.

Es la primera imagen, la de Baudelaire en pleno trabajo, la que nos interesa a los lectores. En las otras el poeta sobreactúa ante el espectador. Quien lo lea —y en este libro se propone decididamente su lectura— no debería tener presente ese rostro duro y desconfiado, casi acusador, sino aquel gesto absorto sobre el libro, la inclinación de la cabeza que fuerza las cervicales y curva la espalda, la mirada desentendida de cuanto ocurre alrededor, la fuerza —probable reflejo de su tenacidad mental— con que sujeta la pipa entre sus mandíbulas, incluso las entradas que empiezan a agrandarle la frente y hasta el relajamiento de la fina mano izquierda casi al margen de la escena. Lo que Baudelaire está leyendo —¿de qué libro se trata?—, la respuesta de su imaginación a su lectura, el encuentro entre las palabras ajenas y los poemas que él ya ha escrito o que quizá yacen inacabados en algún cajón o un anaquel que el pintor no nos ha ofrecido: eso es lo intrigante, no el pañuelo ampuloso que lleva al cuello. A esa edad —alrededor de los treinta años— ya había escrito poemas como «El Albatros» (núm. II de esta edición) o «Correspondencias» (IV), pero también los dedicados a sus «musas» (VII y VIII) y hasta el que comienza *La criada de buen corazón* (C), y había iniciado la serie de críticas de arte que lo darían a conocer al gran público antes que su poesía.

Es el escritor quien nos interesa, es decir: quien en su adolescencia descuidaba los estudios para emborronar cuadernos con sus versos pretenciosos, quien leía ávidamente a sus clásicos — hay ecos evidentes de Jean Racine en sus poemas de «rima llana», en pareados— y a sus contemporáneos —su respetado Victor Hugo, su despreciado Alfred de Musset—, quien más tarde se empeñaba en que «el poeta ha de vivir por sí mismo; su herramienta debe alimentarlo» [Baudelaire, *Oeuvres complètes*, Ruff, 1968, pág. 293]; quien perseguía por las tabernas de París a los marineros ingleses para resolver dudas de sus traducciones de Edgar Allan Poe; quien revisaba minuciosamente sus poemas cada vez que los editaba en revistas, en folletos o en libros. Lo que ha de llamar nuestra atención con respecto a sus numerosos cambios de alojamiento, perseguido por sus acreedores, no es que fuera incapaz de administrar la herencia de su padre, sino que de un domicilio a otro, en busca de un casero más condescendiente, arrastrara sus manuscritos inacabados, sus ideas claras para continuarlos en otro rincón parisiense, su biblioteca selecta y su colección de grabados y cuadros muy escogidos.

No se trata de quitar importancia al hecho de que su padre muriera cuando él contaba seis años, ni a que su madre se casara de nuevo unos meses después. Los comentaristas han hecho hincapié en el trauma experimentado por el niño encantado a solas con su madre, toda para él, que de pronto se siente traicionado por ella alejada en brazos de un extraño. ¿Fue tan determinante aquel cambio, que debieron vivir tantos otros hijos de familias acomodadas, con el posterior internado escolar incluido y el alejamiento progresivo de la madre satisfecha de la posición social ascendente que le proporcionaba su segundo marido, el jefe de batallón Jacques Aupick, tan apuesto dentro de su uniforme de comandante, enseguida de coronel, y de general, y hasta de embajador? Nunca un solo tramo o un solo aspecto de la formación personal es suficiente para explicar el comportamiento de un adulto; la cerrazón de sus profesores y la lectura liberadora de los poetas románticos hubo de producir en el adolescente una impresión tan intensa como el alejamiento de su madre, y al contraste entre rigidez profesoral y liberación lectora puede deberse buena parte del carácter rebelde y lúcido del escritor. Por añadidura, de aquellos meses de encandilamiento infantil a solas con su madre —que sin duda estaría ya recibiendo complacida los requiebros de Aupick— nos queda un testimonio literario del mayor interés, el poema que comienza *No he olvidado nuestra casa blanca* (XCIX), más importante para los poetas simbolistas que, por ejemplo, «Correspondencias», composición programática menos intensa y nada evocadora: esta es la teoría, aquella la práctica.

Tampoco hay que desdeñar el hecho, para él trascendental, de que su padre biológico lo engendrara a los sesenta y tres años, edad —senil para la época— a la que el poeta achacaba en parte sus asperezas temperamentales, pues estarían condicionadas por una herencia caduca. Pero esas circunstancias deben ser consideradas a la luz —a la sombra más bien— del fatalismo baudeleriano, que se incrementó paralelamente al agravamiento de sus dolencias físicas y sus limitaciones de carácter. Se consideraba a sí mismo demasiado especial tanto en lo sublime como en lo reprobable, y ese autoconvencimiento, aun apoyándose en circunstancias familiares o ambientales, respondía a una actitud radicalmente literaria, como quien idea un papel de personaje principal en el teatro de su mundo y se incorpora por completo a él en un gesto heroico y antiheroico a la vez, reafirmador y suicida. Baudelaire representaba un papel mucho más real que él mismo, inabarcable pero sólido, autodestructor pero identificable, un papel que, finalmente, devoraría al actor, para alimentar sus poemas.

«Siendo muy niño experimenté en mi corazón dos sentimientos contradictorios, el horror de la vida y el éxtasis de la vida» [Baudelaire, *Oeuvres complètes*, Pichois, 1975, pág. 703]. Y en la confluencia de esas dos potencias, una espantosa y otra entusiasmante, se produjo su poesía. Quizá, como dice Jean Paul Sartre, Baudelaire no dejó de ser nunca aquel niño mimado, incapaz de tomar decisiones maduras que lo libraran de los bandazos a que lo empujaban el horror a un extremo y el éxtasis a otro. La fijación por su madre le inspiró infinitas cartas de hijo devoto y chantajista sentimental en las que lo vemos disimulando fechorías propias para no decepcionar del todo a quien él consideraba su único reducto de garantía afectuosa (y económica). Pero eso no le impedía frecuentar a las mujeres de condición absolutamente opuesta, a las vividoras y prostitutas más diversas, desde las humildes y callejeras hasta las bien consideradas por su lujo «de salón», todas ajenas a cualquier proyecto de vida en común. Quizá tan determinante como la relación maniática con su madre

—toda una señora preocupada por el mal lugar en que la dejaba su descarriado hijo— sea la enfermedad venérea que contrajo a los dieciocho años. Pero tampoco podemos exagerar la relación entre la enfermedad y el «mal» del que el poeta sacó sus «flores», porque la sífilis no era considerada grave ni contagiosa en una época cuyos médicos, apenas iniciados en métodos científicos, acababan de abandonar la práctica generalizada de la sangría con sanguijuelas. Solo al final de su vida, hacia 1860, comprendió Baudelaire que aquella enfermedad lo estaba matando. Incluso existía entre los jóvenes la convicción de que se trataba de un mal benigno, y había quien se jactaba de haberlo atrapado —el joven Maupassant, unos años después—, algo así como si se tratara del bautismo de fuego para ingresar virilmente en la vida adulta. Las sales de mercurio que los médicos recetaban contra una plaga tan extendida solo conseguían enfermar aún más a sus víctimas, que debían buscar alguna forma de paliar los efectos acumulados de la inútil medicina y de la enfermedad invasora. Ese paliativo solía ser el láudano, jarabe que se vendía libremente en las farmacias y que contenía una pequeña pero adictiva dosis de opio.

De la enfermedad venérea a la droga, podríamos decir alarmados; pero si leemos *Los paraísos artificiales* nos encontramos con una condena rotunda del hachís y del opio, un verdadero alegato contra los estupefacientes, aunque en sus páginas resulte aceptable y hasta recomendable el alcohol en la modesta variedad del vino. ¿Estamos ante un moralista hipócrita, que reprueba la misma droga a la que es adicto y que bendice el vino porque los trabajadores —manuales, por supuesto: entonces apenas había otros— pueden reconfortar su cuerpo y su espíritu gracias a un producto tan barato como popular, y así seguir rindiendo beneficios a sus patronos? Hipócrita se declaró él mismo, como sabemos —«Al lector»—, y en sus poemas encontramos más de una alusión a las dimensiones expandidas por el opio y a otras percepciones excepcionales que probablemente provienen de las experiencias con alucinógenos, pero, aparte de los hermosos poemas dedicados al vino (CIV a CVIII), repitió demasiado claramente una de sus convicciones como para que nos quepan dudas acerca del espacio que pudo ocupar la droga en sus largas horas de trabajo: «Para curarse de todo, de la miseria, de la enfermedad y de la melancolía, solo hace falta de manera absoluta el *Gusto por el Trabajo*» [Baudelaire, *O. C.*, 1975, pág. 669].

El distanciamiento de su madre, la ancianidad de su padre biológico, la administración ajena de la discreta herencia antes que el joven poeta la dilapidara por completo (estuvo a punto), la enemistad con aquel intruso raptor de su madre que quería para su hijastro —como cualquier tutor de su nivel social— una carrera distinguida y un matrimonio ventajoso, las relaciones amorosas efímeras y la enfermedad que fue minándolo de manera fatal, la droga, el dinero siempre insuficiente con que los directores de diarios y revistas y los editores pagaban su trabajo literario: todo eso le influyó, pero nada fue determinante por completo. Los avatares sociales del joven dandi, empeñado en vivir por encima de sus posibilidades materiales, y del hombre desgastado prematuramente e incapaz de mantenerse leal —no digamos ya fiel— a una amante o a un amigo deben ser vistos por nuestros ojos de lectores a la luz del empeño cotidiano en darle fluidez a un verso, en perfilar el final de un poema, en reflejar con palabras persuasivas las impresiones recogidas ante un cuadro o en traducir fielmente un cuento de su admirado Poe. ¿Qué hay en común entre la obra de Poe y la suya?, ¿por qué le interesaba tanto la «sala de españoles» del Museo del Louvre?, ¿cómo consigue combinar el lenguaje cotidiano que emplea en sus vagabundeos por París con términos clásicos y librescos? Esas son las cuestiones que nos conciernen como *lectores* del *escritor* Baudelaire.

Uno de los correctivos que su familia le aplicó, todavía a sus diecinueve años, fue un viaje a la India. Los ocho o nueve meses que pasó embarcado, su estancia en la actual isla Mauricio, desde donde se negó a seguir navegando y volvió a Francia, las costas exóticas que visitó y las largas jornadas en la soledad del mar le produjeron una de sus impresiones más duraderas. Pero no, como pretendía su padrastro, para escarmentar dejando atrás devaneos juveniles y sentando la cabeza, sino para alimentar su trasfondo mental con paisajes luminosos —e idealizados— donde la naturaleza parecía proporcionar espontáneamente una felicidad que siempre le estuvo negada y a la que siempre se negó. En sus poemas, los mástiles arracimados en el muelle, la elegancia frágil y atrevida de las naves, la profundidad insondable del horizonte marino o el atractivo del margen existencial que constituye el viaje en sí mismo («El viaje», CXXVI) son imágenes que se repiten con pinceladas coloristas encargadas de enmarcar tantas veces la tiniebla vital de donde procedía su impulso poético. El goteo, el manantial de arte exquisito que se degusta en la lectura de los poemas de Baudelaire es consecuencia de la destilación de numerosos ingredientes, unos conocidos y otros desconocidos por el poeta, unos investigados por su posteridad y otros por descubrir todavía, pero ese licor no nos sabe a rumia de infancia desgraciada ni a lamento por el amor insano ni a añoranza de paisajes cálidos, sino a elucidación de la tiniebla que no acaba, a penetración en lo más oscuro de la conciencia humana con el deseo de iluminarla.

¿Por qué, de aquellas dos fuerzas encontradas, el horror y el éxtasis, los comentaristas han concedido más vigor a la primera que a la segunda? En la poesía de Baudelaire la palabra *volupté* aparece a cada paso, y aunque no siempre se refiera al placer sexual, está claro que procede de esa experiencia básica, universal, alrededor de la que gira la vida humana, con todo su séquito de sorpresas psicológicas, de consecuencias autorreveladoras, de malentendidos y conflictos, de barreras morales, etc. Se trata del éxtasis más asequible a los humanos (ver «La oración de un pagano» en *Poemas añadidos*). El erotismo penetra a ciegas en la sima ancestral de nuestra especie, allí donde apenas podemos distinguir entre el éxtasis de pertenecer a la existencia biológica inocente y el horror de habernos separado de ella para ser simples existencias particulares, conscientes de serlo y abocadas a la desaparición. Baudelaire, existencialista *avant la lettre*, tuvo la percepción ambivalente de lo más exquisito y lo más trágico de nuestra naturaleza. Ese vaivén irremediable se expresa en su poesía con tanta desesperación hacia un lado como encantamiento hacia otro: véase el poema «Brumas y lluvias» (CI), donde «el corazón lleno de ideas fúnebres» se abriga al final con un humilde amor furtivo.

Pero, además, la época en que vivió nuestro poeta fijó unos esquemas de comportamiento social que consagraban la represión masiva en beneficio de la clase social ascendente desde finales del siglo XVIII —en algunos aspectos y países, desde el XVII—, la burguesía industrial y financiera. El Antiguo Régimen desaparecía, pero su división entre privilegiados y oprimidos no hacía más que cambiar de protagonistas, ahora más deliberados, y de métodos, ahora más sofisticados legalmente. Esa conciencia de las condiciones en que se producía la explotación social venía impulsada por la iniciativa irreversible del pensamiento del siglo anterior —Baudelaire tenía por referente magistral a Denis Diderot—, que desenmascaró la inviolabilidad de la aristocracia y la impostura de la Iglesia. Nuestro poeta era aún niño cuando se produjeron en Francia las oleadas revolucionarias de los años treinta del siglo XIX, pero ¿por qué no considerar que pudo influirle también el hecho de encontrarse interno en el Liceo Ampère de Lyon situado en la línea de fuego entre los revolucionarios y el ejército que posiblemente mandaba su padrastro?

Lo cierto es que vivió de cerca el gran terremoto que la burguesía sufrió —y del que salió reforzada— en 1848, aunque participara en él solo de forma episódica e inoperante, gritando por la calle, fusil en mano, algo que importaba poco a los manifestantes: «¡Hay que matar al general Aupick!». Las reformas urbanísticas que se llevaron a cabo en París unos años después fueron inspiradas por la necesidad de combatir a los obreros con más eficacia que en el entramado de calles laberínticas de la vieja ciudad: las grandes avenidas y los bulevares amplios se diseñaron para facilitar el movimiento de los caballos y los cañones de la tropa y para desplazar al populacho sospechoso sustituyéndolo por la clase media mimetizada con la aristocracia venida a menos. La transformación de la ciudad en que nació el poeta era un síntoma de la nueva relación de fuerzas: el poder político, servidor del creciente aparato económico y sirviéndose de la siempre aprovechable y todavía amplísima influencia de la Iglesia, contenía dentro de sus rediles suburbiales a las masas humanas en cuya fuerza de trabajo se apoyaba el nuevo régimen. Y la expansión de las formas culturales —teatro, prensa escrita en sus diversas formas, edición divulgativa, etc.— encontró en las primeras conquistas de la tecnología de masas —alumbrado público por gas, máquina de vapor aplicada al transporte, etc.— el aliciente necesario para elaborar unas relaciones de producción artística y cultural en las que el poeta ocupaba un lugar cada vez menos relevante. Baudelaire fue quizá el primer poeta europeo consciente de vivir al margen de la sociedad cuyos engranajes económicos estaban cimentándose y que, con avances tecnológicos portentosos pero con variaciones ideológicas leves, llega hasta nuestros días. No hay que desdeñar esa conciencia marginal como constituyente de su poesía. Su desprecio por el progreso puede parecernos hoy un síntoma de resistencia ingenua, inspirada tal vez por las ideas del ultraconservador Joseph de Maistre, pero, aparte de que esa inspiración no pasó de ser epidérmica, el poeta acertaba en su diagnóstico cuando señalaba que los avances materiales iban orientados al mayor beneficio económico a costa de cualquier valor espiritual, es decir, humanístico. Así profetizaba una y otra vez contra «la gran quimera de los tiempos modernos, el globo-monstruo de la perfectibilidad y del progreso indefinido» [O. C., 1968, pág. 537]. Sin ser un revolucionario —Sartre lo rebaja a la categoría de «rebelde»—, no dejó de ver claro en qué mundo vivía —«mundo americanizado», decía— cuando se atrevió a afirmar que, con el tiempo, «la justicia ordenará inhabilitar a los ciudadanos que no sepan hacer fortuna» [O. C. , 1975, pág. 667].

Aparte del paisaje ciudadano, cambiante y lleno de estímulos, Baudelaire solo conoció las perspectivas inquietantes de aquel viaje juvenil mitificado y la costa francesa de Honfleur, donde su madre, viuda por segunda vez, poseía una casa que le sirvió de retiro. Pero París, su marco «natural», no le concedió el puesto preeminente que él creía merecer, y su traslado a Bruselas en los últimos años de su vida fue un fracaso en todos los sentidos: profesional, porque sus libros y sus conferencias no obtuvieron allí el éxito que esperaba, y vital, en parte porque se sintió aislado en un ambiente más hostil aún que el de París, pero sobre todo porque su temor al derrumbe físico y mental se confirmó con el ataque de apoplejía que lo dejaría inválido y lo llevaría a la tumba quince meses después. El pequeño poemario que publicó allí lleva un título revelador: *Los retazos* (*Les épaves*), es decir, las sobras del trabajo ya acabado y los restos del naufragio personal.

Un libro clave en una obra inacabada

El libro que el lector tiene en sus manos, núcleo de la obra de Baudelaire, ejerció tanta influencia en la poesía posromántica, y hasta bien entrado el siglo xx, como el *Cancionero* de Petrarca en el Renacimiento. Con razón, Charles A. Sainte-Beuve —crítico nada complaciente con nuestro poeta— lo reseñó declarando que en él se había conseguido «petrarquizar sobre lo horrible» [Pichois y Ziegler, 1989, pág. 418].

Pero es conveniente acercarse al resto de sus títulos para hacerse una idea de las ambiciones del autor y de la tarea realizada por él mientras componía los poemas de una obra que, en cierta medida, dejó inacabada. *Las flores del mal* es obra de toda la vida de Baudelaire, y hay que imaginarlo trabajando los apartados de ese libro —y publicándolos en revistas siempre que podía— mientras llevaba a cabo o aplazaba muchos otros proyectos. Publicó una novela corta, *La Fanfarlo* (1847) firmada todavía con el segundo apellido de soltera de su madre, Defayis; elaboró extensas críticas, publicadas en forma de folleto, de las exposiciones oficiales *Salón de 1845*, *Salón de 1846*, *Exposición universal 1855 de Bellas Artes* y *Salón de 1859*; escribió un ensayo de primerísimo interés titulado *El pintor de la vida moderna* y firmó artículos sobre pintores (Goya, Ingres, Delacroix, Daumier), escritores (Shakespeare, Hugo, Gautier) y temas diversos (siguen siendo de actualidad sus opiniones acerca del juego infantil en «Enseñanzas del juguete»). Gran parte de su tiempo estuvo dedicado a traducir narraciones de Poe que publicó en varias recopilaciones (1856, 1857, 1858 —*Las aventuras de Arthur Gordon Pym*— y 1865), acompañadas de presentaciones y comentarios. *Los paraísos artificiales* aparecieron en 1860. Cuando editó su último libro, *Los retazos,* en Bélgica (1866), ya había publicado en revistas bastantes poemas en prosa, y aunque nos legó los cincuenta textos de esa naturaleza que integran el libro póstumo *Spleen de París*, tenía en proyecto muchos otros, así como narraciones, novelas y piezas teatrales. No olvidemos que en aquellos años bruselenses proyectó una reedición de *Las flores del mal* con al menos una docena de composiciones nuevas. Sus llamados «diarios íntimos» (*Cohetes*, *Mi corazón al desnudo*, *Aforismos*) quedaron en forma tan fragmentaria que apenas pueden ser considerados libros. Y no perdemos nada con que no acabara ni publicara en vida sus extensas y arbitrarias sátiras contra Bélgica.

De este conjunto de trabajos queda claro que, aparte de su poesía, Baudelaire escribió en prosa una obra dispersa e incompleta que por sí sola tiene gran interés, pero que además, como ocurre generalmente en la producción no lírica de un poeta, nos conviene leer para profundizar en el conocimiento de su poesía. Su prosa es vigorosa, apasionada y nítida, y en ella llevó a la práctica eficazmente su convicción de que «el poeta llega naturalmente, fatalmente, a ser crítico» y hasta que «es imposible que un poeta no lleve dentro a un crítico» [*O. C.*, 1968, pág. 517].

Cuando *Las flores del mal* apareció por primera vez, en 1857, solo obtuvo una acogida discreta. El escándalo por la denuncia de trece de sus poemas y la sentencia condenatoria de seis de ellos supuso un regalo de notoriedad pública para un escritor solo medianamente conocido. En la segunda edición, de 1861, desaparecieron aquellos poemas prohibidos pero se incorporaron otros que seguían resaltando el carácter provocador del conjunto. La censura se había rasgado las vestiduras ante escenas de carácter homosexual femenino o de marcado desprecio de los disimulos eróticos al uso, pero perdonó composiciones blasfemas —«La negación de San Pedro» (CXVIII)— u otras de erotismo explícito —«Sed non satiata» (XXVI)— y hasta necrófilo —«Una mártir» (CX)— que habrían merecido también el «honor» de ser condenadas.

Solo tras la edición póstuma del libro (1868), también mutilado de aquellos seis poemas, el ambiente literario se había alejado lo suficiente del Romanticismo para apreciar la trascendencia de *Las flores del mal*, sin detenerse en sus regodeos escabrosos o en sus gritos iconoclastas. En el soneto «La puesta del sol romántico» (que abre *Los retazos*) Baudelaire expresa su adiós al esplendor del romanticismo francés (lo cierto es que conocía poco de cuanto esa misma corriente de pensamiento había producido en Alemania o en Inglaterra), y, aunque lo hace con cierta añoranza, deja bien claro que el tiempo de los grandes poemas de Alphonse de Lamartine —a quien detestaba— o de Alfred de Vigny —a quien admiró siempre— había pasado a la historia. Hugo, que ya era un autor venerable, había detectado en el libro de su joven colega el «nuevo escalofrío» que los lectores atentos podían haber experimentado ya ante algunas páginas de sus propias *Contemplaciones* (1856). Baudelaire, nada generoso con nadie, tuvo que reconocer la maestría del viejo poeta progresista, aunque no dejara de criticar —con prudencia en público, con desprecio en privado— su fidelidad al sentimentalismo del lector mayoritario y su didactismo, «el mayor enemigo de la verdadera poesía»[*O. C.*, 1968, pág. 473].

En sus reseñas literarias fue más allá; hablando de su amigo Gautier, otro poeta que indagaba por derroteros nuevos, dice: «Durante la época desordenada del romanticismo, la época de ardiente efusión, se empleaba con frecuencia la fórmula: *la poesía del corazón*. Se le concedía pleno derecho a la pasión; se le atribuía una especie de infalibilidad [...] El corazón contiene la pasión, el corazón contiene la abnegación, el crimen; solo la Imaginación contiene la poesía» [*O. C.*, 1968, pág. 463]. El paso que da Baudelaire al colocar a la imaginación sobre el sentimentalismo supone optar por una poesía deliberada, llevada al límite de sus posibilidades estéticas por la voluntad del autor informado y preparado, y no por mandato de ningún olimpo. «El genio —afirmaba— no es más que la infancia recuperada voluntariamente, la infancia dotada ahora, para expresarse, de órganos viriles y del espíritu analítico que le permite ordenar la suma de materiales involuntariamente acumulados» [*O. C.*, 1968, pág. 552]. Es decir, que no debemos entender esa vuelta a la infancia como una dejación de dotes conscientes, sino como un rechazo de las convenciones exigidas a todo adulto socialmente respetable y un intento de recuperar la desfachatez irreverente y el «todo es aún posible» de la niñez. La espontaneidad, pensaba Baudelaire, nos lleva a la indiferencia y al mal: «El mal se hace sin esfuerzo, *naturalmente*, por fatalidad; el bien es siempre el producto de un arte [...] Todo lo que es hermoso y noble es el resultado de la razón y del cálculo» [*O. C.*, 1968, pág. 562]. El fondo del ser humano, nos repite el poeta, es siempre oscuro y malvado; sobre ese lienzo de tinieblas (véase «Obsesión», LXXIX), solo el arte es capaz de «pintar», de construir un mundo habitable.

Las largas tiradas de versos que los románticos ofrecían al lector se reducen en Baudelaire a textos breves de ambición sintética, nada cómodos para el lector de su época, que en vez de seguir paso a paso una historia de amor o de observar el desarrollo de una reflexión moral o una proclama heroica, debía detenerse a cada verso para asimilar la enormidad del significado abrupto. Como en una carta le decía Gustave Flaubert, «la frase [en sus poemas] está totalmente abarrotada por la idea, hasta reventar» [*O. C.*, 1868, pág. 35].

Pero no malinterpretemos esa «idea» de Flaubert, que parece contradecir por adelantado el consejo de Mallarmé al pintor Edgar Dégas: «La poesía no se escribe con ideas sino con palabras». Sacadas de contexto, afirmaciones así —como la que se refiere a «recuperar la infancia»— desorientan hasta alejarnos de su significado. En literatura no existen palabras vacías de ideas, sean estas explícitas o subyacentes, fundamentadas o admitidas por obediencia a la costumbre. La poesía de Baudelaire arrastra un caudal de pensamiento indiscernible de la belleza en que se plasma. La intensidad de sus frases, llevadas por el vuelo de sus versos, depende tanto de los contrastes violentos con que entrelaza sus imágenes como de las contradicciones angustiosas que nos transmite. Valga aquella observación que hizo el mismo poeta a propósito de la música de Wagner: sus «melodías son en cierto modo personificación de ideas» [*O. C.*, 1968, pág. 521].

Los poemas de *Las flores del mal* despliegan una arquitectura verbal resplandeciente mientras nos introducen en el lado más oscuro de la naturaleza humana, esa raíz maldita que, según el poeta, nos alimenta a todos. Los «buenos sentimientos» apenas pueden ocultar instintos ciegos o razonamientos malintencionados, y la «buena sociedad» se apoya en los pies de barro de sus márgenes humanos: borrachos, prostitutas, mendigos, maleantes, desechos ensalzados por el poeta que, para distinguir bien la belleza, como quien en pleno día quisiera ver las estrellas, se hunde en el pozo de la abyección. No podemos identificar a Baudelaire con el poeta que acompaña a los oprimidos en sus reivindicaciones (como Hugo, como Pierre Dupont), incluso en más de una ocasión descargó su bilis contra ellos, pero sí queda claro en su obra —poética o no— que veía el progreso burgués encaminado a la catástrofe humana, precisamente porque no aspira a superar el mal sino a hacerlo rentable.

¿Y la supuesta religiosidad subyacente a la poesía de Baude-laire?, ¿fue tan católico como él se proclamó en alguna carta a su madre y al administrador judicial de su herencia? Los comenta-ristas creyentes han intentado subrayar los rasgos místicos de esta poesía para inclinar hacia sus posiciones ideológicas una de esas «dos postulaciones simultáneas, una hacia Dios y otra hacia Satán» que, según las notas íntimas del poeta, alberga cualquier hombre [*O. C.*, 1975, pág. 682]. Pero la lectura no confesional solo encuen-tra en este libro referencias formularias y blasfemas al Dios cató-lico, mientras que se enfrenta a cada paso con diosas-mujeres y con potencias satánicas o desconocidas. La poesía de Baudelaire parece conectar mejor con la religiosidad primitiva, en la que «lo sagrado se opone a lo profano como un mundo de energías a un mundo de sustancias» [Caillois, pág. 38]. El poeta pone en circu-lación —verbal, no lo olvidemos— un torbellino de energías origi-narias que desvelan nuestra íntima constitución —sustancial e insustancial a la vez— de manera más penetrante, aunque menos efectista, que los dogmas de cualquier religión establecida.

El mal cuyas flores no recolecta sino que elabora Baude-laire tampoco es simple ni fácilmente distinguible, entre otras cosas porque cobra muchos nombres: «Satán», «infierno», «pecado» o incluso «belleza» femenina. Pero el ambiente donde se respira ese mal es el *spleen*, palabra inglesa que marca el título de la primera y más extensa parte del libro, «Spleen e ideal», donde se repite como título de varios poemas, y que da nombre también a sus *Pequeños poemas en prosa*. El *spleen* no es «melan-colía romántica —dice Claude Pichois—, sino "Hastío" en el sentido teológico y existencial que Baudelaire concede a esta palabra, pecado acompañado de remordimiento y de melanco-lía» [*O. C.*, 1975, pág. 833]. El espíritu humano se deja caer en su condenación inevitable (multiplicada por la vorágine de la gran ciudad, «una Babel poblada de imbéciles y de inútiles», según nuestro poeta) y al mismo tiempo dirige su esfuerzo artís-tico hacia el polo opuesto, hacia la belleza del «ideal» en su versión suprema representada por la mujer, nudo en que se atan

inextricablemente los dos extremos. Es probable que Baude-
laire hubiera encontrado la palabra *spleen* en *Viajes de Gulliver*,
el clásico de Jonathan Swift, donde vemos a unos seres huma-
nos animalizados, los *yahoos*, que solo conservaban de su natu-
raleza superior olvidada el *spleen*, un sentimiento de postración
angustiosa y gimoteante que inesperadamente los hacía escon-
derse reacios a toda actividad. Baudelaire escribe poesía como
un *yahoo* despreciable para los seres civilizados —caballos
prudentes en el relato de Swift, ciudadanos «de pro» en vida
del poeta—, como un automarginado desagradecido, como un
rencoroso irremediable y un irredento que no teme al infierno,
pero sus aullidos, lejos de repeler como los de los parias de
aquel país imaginario, seducen con los recursos más experi-
mentados de la sabiduría poética.

No deberíamos olvidarlo al leer los poemas que siguen:
Baudelaire no pretende catequizarnos para el mal, lo que supon-
dría una intención también moralizante, sino liberar nuestra
imaginación con la mayor belleza de que sean capaces sus pala-
bras. La experiencia de leer poemas como «Elevación» (III), «El
enemigo» (X), «Himno a la belleza» (XXI), «A una que pasa»
(XCIII), «Recogimiento» (de los poemas añadidos a la edición
póstuma) y tantos otros nos llena de una satisfacción estética
que parece arrancarle al mundo, al nuestro, su espesa piel de
materiales empedernidos para dejar al aire las raíces nutricias e
inquietantes en cuyo cercenamiento somos expertos por el hecho
de estar civilizados.

La mujer constituye la imagen central de este libro. El mal,
que identificado con Satán o con el pecado nos resulta hoy un
tanto abstracto (la blasfemia no tiene resonancia en una concien-
cia ajena a la sacralidad tradicional), se concreta plásticamente
cuando aparece caracterizando el poder del erotismo femenino,
irresistible y pérfido para nuestro poeta. Nos gustaría encua-
drarlo junto a su contemporáneo John Stuart Mill, que defen-
dió la igualdad de derechos entre hombres y mujeres ante la
repelencia exclusivamente masculina del Parlamento inglés,

pero la obra completa del anglicista parisiense nos lo desaconseja a cada paso. La consideración que a Baudelaire le merecía la mujer queda fielmente reflejada en el diálogo del «Soneto de otoño» (LXIV):

«Pero ¿cuál es mi mérito para ti, extraño amante?»
— ¡Sé encantadora y calla!

Su relación amorosa más duradera, la que mantuvo con Jeanne Duval, sucumbió al desquiciamiento emocional de los dos, y cuando ella, más pobre que él, enferma y abandonada de otros amantes, yacía en una institución hospitalaria, Baudelaire la ayudaba económicamente —para ello pidió más de una vez dinero a su madre— con una mezcla de sentimientos donde contaban mucho más la culpabilidad y la lástima de superior a inferior que la estima o el compañerismo.

La belleza femenina constituye una fuerza irresistible para un poeta al que podemos atribuir las típicas reacciones de defensa machistas —ella, incluso Ella, tiene la culpa de todo, es despiadada e insaciable sexualmente, encierra un peligro continuo, siente mucho y piensa poco, etc.— pero al que también debemos reconocer el intento tenaz de interpretar el encuentro erótico como el margen vitalista donde quizá aún sea posible redimirnos, por nuestros propios medios, de nuestra vida abocada al sinsentido y a la muerte. El erotismo tiene para Baudelaire una dimensión sagrada y trágica: en él está nuestra única salvación pero ni siquiera con él somos capaces de salvarnos. La mujer supone mucho más que un medio para ese fin: es el altar y el oficiante de esa ceremonia oscura, mal vista socialmente pero imprescindible, donde la víctima propiciatoria muere cantando sus mejores versos. «El estudio de lo bello es un duelo donde el artista grita de espanto antes de ser vencido», dice en uno de sus poemas en prosa, «El *confiteor* del artista» [*O. C.*, 1975, pág. 279]. Por momentos, en sus páginas más desesperadas —«La destrucción» (CIX), «La fuente de sangre» (CXIII), «La tapadera» (poemas añadidos a la edición póstuma)—, Baudelaire se comporta como el torero corneado y agónico que sale una y otra vez de la enfermería para acabar la faena sabiendo que le ha correspondido un toro invulnerable y que debe morir dando un pase bellísimo e imposible. Leerlo no supone salir a la arena, pero sí atravesar ese «amoroso trance».

«Spleen e ideal» es la sección más amplia del libro y en ella encontramos poemas característicos de esa alternancia entre la negatividad funeraria y la exaltación luminosa. Las cinco secciones siguientes, más breves, desarrollan aspectos parciales de ese panorama contradictorio.

«Cuadros parisienses» muestra estampas de la ciudad cambiante y cruel donde conviven la joven mendiga pelirroja (LXXXVIII) y las viejecitas harapientas (XCI) con espectros vivos («Los ciegos», XCII) o imaginarios («El esqueleto labrador» XCIV). Y aunque casi imite el estilo de Hugo en los tres poemas que le dedica, no se detiene en el canto a los «miserables» y se evade en el «Sueño parisiense» (CII) hacia paisajes urbanos de fábula totalmente opuestos al París que, «frotándose los ojos, / empuñaba sus herramientas, anciano laborioso».

«El vino» ofrece poemas muy tempranos de Baudelaire donde ya están presentes sus obsesiones de madurez, y la sección «Flores del mal» recoge bajo ese título —subrayado del título general— composiciones que cuentan entre las más descarnadas y representativas del conjunto. «Rebelión» reúne tres poemas donde la iconoclastia contra figuras clave del cristianismo se concentra en la blasfemia de las «Letanías de Satán» (CXX). Por último, «La muerte» (de los amantes, de los pobres, de los artistas) ofrece como colofón el amplio acorde de «El viaje» (CXXVI), compendio de todas las tensiones irresueltas y las distensiones inalcanzables del libro.

Criterios de esta traducción

La primera cuestión que se nos plantea a la hora de traducir poesía es, lógicamente, la relativa a la forma del verso que vamos a emplear. También ante la prosa, qué duda cabe, debe el traductor preguntarse a cada paso por los aspectos formales de su trabajo, pero la estructura del poema, tanto en tiempos de Baudelaire como hoy, nos enfrenta a construcciones verbales muy controladas de las que la lectura no puede inhibirse. *Las flores del mal* está escrito mayoritariamente en el verso más clásico de la poesía francesa, el alejandrino, combinado en sonetos, en series de cuartetos, en sucesiones de pareados o en combinaciones con pies métricos más breves. El poeta solo abandona esos esquemas ocasionalmente para escribir en octosílabo, sobre todo al abordar poemas satíricos o ligeros de tono, u otros metros aislados (el decasílabo en «Un fantasma», XXXVIII, la combinación de versos breves en «La invitación al viaje», LIII). Con cualquier tipo de verso, la rima plena (consonante) está presente siempre.

Traducir el alejandrino francés (12 sílabas) por el español (14) parece la opción más evidente, al igual que el octosílabo original invita a elegir nuestro eneasílabo. Pero, tras estudiar las soluciones que esas posibilidades ofrecen, surgen problemas bastante graves en el plano del significado.

Quizá en ningún otro trabajo relacionado con las lenguas como en este de la traducción se pone de manifiesto tan insistentemente la distancia entre el significante, que cambia de un idioma a otro, y el significado, que ha de ser el mismo. «La expresión es un medio, el contenido un fin», llega a decir André Martinet, y precisa: «Una de esas sustancias, la de la expresión, puede ser cambiada sin que cambie la función del sistema de signos como instrumento; la otra, la del contenido, no» [Mounin, pág. 107]. Quienes se oponen a esa separación tan extremada aportan precisamente el ejemplo de la poesía para defender que el contenido y el continente son solo dos aspectos de una misma realidad, y que en poesía es igual de significativo el «cómo» se forma la expresión que el «qué» se está expresando. Según lo cual, la traducción tendría que trasladar desde una lengua a otra los dos planos a la vez, incluido por supuesto el que implica un tipo de verso, el carácter de la rima y, por qué no, otros rasgos fonéticos como las aliteraciones o los contrastes, que en la lengua de partida cuentan para la construcción instantánea del significado.

Tras plantearme estos problemas, a la vez que ensayaba soluciones diversas en la práctica de la traducción, opté por los siguientes criterios de trabajo:

Pretender trasladar a la lengua de llegada todos los elementos fonéticos de la lengua de partida me parece una empresa imposible, aunque solo sea porque la línea melódica del francés no puede ser reproducida en español (salvo si un nativo galo habla nuestra lengua con el acento de la suya, es decir, defectuosamente). La articulación fonética del francés es irrepetible en palabras españolas (o portuguesas, o italianas, etc.). En el caso de que alguna palabra aislada probara lo contrario, la entonación de una frase (y no digamos de un verso) lo desmentiría. La rima, el elemento fonético más sobresaliente, queda así descartada, incluso si se emplea en español como reflejo de que en ese lugar el poeta francés rimó, porque al rimar en español —por trasladar el fenómeno abstracto, ya que su efecto concreto se ha perdido—, solo traducimos el esquema preceptivo («hay que rimar») pero no los rasgos propios de la rima francesa: masculina, femenina, rica, pobre, etc.

Limitar la pérdida fonética optando por traducir en un tipo de verso fijo español —alejandrino, endecasílabo, eneasílabo y heptasílabo, es decir, la gama de versos con predominancia acentual en sílabas pares— es la solución habitual. Así se mantiene al menos la regularidad versal que proporciona el ritmo. Desde el punto de vista externo, el poema traducido con ritmo detectable guarda con el originario una correspondencia que se reflejará en el oído del lector. Así se cumple con una norma generalmente aceptada: el ritmo es consustancial a la poesía. Pero en la práctica se constata enseguida que el léxico francés contiene más monosílabos —a los morfológicos hay que sumar los métricos— que el español, y que en doce sílabas francesas suelen caber más palabras que en catorce de nuestra lengua: *Ta main se glisse en vain sur mon sein qui se pâme* (LV) *Des quais froids de la Seine aux bords brulants du Gange* (XCVII) *rien n'est plus doux au coeur plein de choses funèbres* (CI). Inmediatamente surge la tentación de suprimir alguna palabra del francés para traducir obedeciendo a las limitaciones de nuestro alejandrino. La pérdida de cualquier término en un verso —me refiero evidentemente al léxico unitario, no a locuciones o a perífrasis lexicalizadas— me parece un problema tan grave, que he debido retomar la cuestión del ritmo: ¿vale la pena mantener el ritmo versal a costa de perder parte del significado?

La misma pregunta se me ha planteado a propósito del hipérbaton, recurso muy común para recolocar en el verso español —alejandrino u otros— palabras que en su enunciación normalmente articulada sobrepasarían las sílabas preceptivas. Pero el hipérbaton es un defecto para los poetas franceses, que buscan siempre el verso fluido (*coulant*). Baudelaire solo lo emplea cuando no le queda más remedio, sobre todo en composiciones de verso corto, y en los momentos menos felices de sus poemas. Añadir hipérbaton a su poesía es tanto como devaluarla.

Mi opción ha sido renunciar al ritmo fijo y al hipérbaton. El ritmo como dogma está ya suficientemente discutido con la rica tradición del verso libre, en el que no se practica un ritmo de naturaleza diferente al clásico, sino una dinámica verbal distinta, infinitamente variable y poéticamente ya consolidada. El ritmo forma parte de la dinámica del verso pero no la agota. Ciertamente, a cualquier lector le gustaría escuchar en ritmo español la poesía intensamente ritmada de Baudelaire, pero considero imprescindible mantener matices de contenido originario a costa de la rigidez de nuestro esquema versal. Disponer en español las catorce sílabas —más bien los dos pies de siete— del alejandrino como un molde para obligarle a contener cualquier alejandrino francés no me parece una condición previa aceptable. Si al encontrar el significado más preciso en español, la suma de sílabas y su disposición acentual corresponden a un alejandrino español, lo he aceptado, por supuesto; pero si el contenido más apropiado, más matizado y satisfactorio, desborda en español los límites de nuestro verso preceptivo, he traducido en verso libre, es decir, todo lo alejado que me haya sido posible de la prosa cortada y con la sonoridad y la tensión propias de la expresión poética. Así, el lector encontrará poemas donde el verso con ritmo previsible aparece y desaparece, o más bien donde el verso libre marca el carácter del conjunto, puesto que libre es, según la clásica fórmula de Jaimes Freyre, «aquel verso que no sigue la pauta rítmica del anterior ni del posterior» [Provencio, 2008].

De igual manera, el ritmo obligado empuja a desviar el significado en función del encaje silábico, de manera que en vez de seleccionar la palabra española que el significado francés demanda, tenemos la tentación de optar por otra cuyo alcance semántico cubra en mayor o menor medida el de la primera y nos sirva para equilibrar el ritmo. Así, un verso tan expresivo e intenso como *Ô fureur des cœurs mûrs par l'amour ulcerés!* (XXXV) solo puede ser trasladado al alejandrino español si rebajamos su contenido, por ejemplo, sustituyendo la palabra castellana «corazón» (tres o cuatro sílabas, según la posición, frente al monosílabo francés) por alguna otra más o menos cercana y más breve: ¿pecho? ¿alma? En *¡Furor de almas maduras por el amor llagadas!*, por ejemplo, o en *¡Furia de almas maduras por el amor heridas!*, también hemos tenido que reducir las cuatro sílabas de «ulceradas». Pero «alma» no es lo que Baudelaire quería decir, y menos en un poema tan violento que además se titula «Duelo». Se trata de dos corazones expertos en amarse y en combatirse a la vez ferozmente; «alma» desvía la lectura hacia un ámbito desconectado con la materia, es decir, muy lejos de la sanguinaria espiritualidad baudeleriana; y «llagadas» o «heridas» no recogen las mismas connotaciones de descomposición interna que «ulceradas». Mi opción, según los criterios expuestos, ha sido: *¡Oh furor de los corazones maduros ulcerados por el amor!* Aparte de que así creo trasladar la mayor parte del contenido, dejo a las vocales oscuras y a las aliteraciones consonánticas la tarea de reproducir una sonoridad acorde con la escena.

No me he planteado en absoluto «traducir como si Baude-
laire escribiera en español», porque esa hipótesis me parece fanta-
siosa y técnicamente absurda. No creo que la creatividad del
traductor pueda permitirse el lujo de prevalecer sobre el texto
original. Quien traduce es un mediador, y todo su esfuerzo va
orientado a conectar a los protagonistas reales: el lector tiene
derecho a que le llegue el máximo de la intención del autor con
el mínimo de contaminación intermedia. No pienso, sin embargo,
que estas premisas menoscaben el trabajo de traducir; es más,
me parece que es aquella creatividad injustificada la que casi
siempre rebaja el valor de lo transmitido a base de orientarlo
hacia donde al traductor le conviene y no por donde el autor
quería discurrir.

Por otra parte, comparando uno de estos poemas en fran-
cés con su traducción realizada como experimento en ritmo
regular de alejandrino —cediendo lo menos posible a todos los
condicionamientos señalados: pérdida de palabras, desvío de
significados, hipérbaton— me ha parecido que el texto origina-
rio, cargado de preceptiva decimonónica, está más cerca del
lector francés actual que lo está del español de hoy el poema
vertido en nuestra lengua en esa forma «más poética». Soy cons-
ciente de que mi traducción se aleja del colorido propio de la
poesía francesa de aquella época, pero he preferido dar, diga-
mos, en blanco y negro, con la mayor fidelidad de contornos y
de tonos de sombra, una película filmada originalmente en color
suntuoso, a imitar en español un colorido que me parece, por
definición, irrepetible. Mi intención ha sido también, por
supuesto, hacer que ese gris reproduzca contrastes, gradaciones
y volúmenes, y, como objetivo último, he aspirado a que en mi
«dibujo» se aprecie, como señala Baudelaire a propósito de
Daumier, que la simple línea «despierta ideas de color» [O. C.,
1968, pág. 384].

Finalmente, quisiera señalar que mi opción como traductor
es idéntica a la de Baudelaire cuando traduce los versos ingle-
ses que cita en Los paraísos artificiales —Pierce B. Shelley, John

Milton— y los de las canciones que en sus obras completas recoge la sección «Poesías traducidas». Cuando decide verter los versos de Henry Longfellow —«La pipa de la paz»— al alejandrino francés, señala claramente al comienzo que se trata no de una traducción sino de una *imitación*. En sus traducciones de Poe encontramos el mismo alejamiento del ritmo regular en cuentos como «Cuatro bestias en una», «Ligeia» y «La caída de la casa de Usher», donde se incluyen poemas que Baudelaire vierte al francés en verso libre. Como se sabe, para su traducción de «El cuervo» eligió la prosa, como hizo Mallarmé con el resto de las poesías del norteamericano.

Esta edición. Agradecimientos

Los textos de *Las flores del mal* están bien fijados en cualquiera de las ediciones francesas conocidas, pero la ordenación de los poemas varía según el criterio de cada editor. He traducido el libro tal como aparece en *Obras completas* (vol. *I*), establecido, presentado y anotado por Claude Pichois para Gallimard (La Pleyade, 1975). Allí encontramos el orden de los poemas que Baudelaire precisó para la segunda y última edición controlada por él (1861). Los poemas que otras ediciones intercalan en esa ordenación Baudelaire-Pichois quedan aquí organizados claramente en los apartados que siguen al libro-base: «Poemas añadidos a la edición póstuma (1868)» y *Los retazos*. Tras la muerte del autor no quedó claro cómo habría reordenado el libro para incluir los que con seguridad iban destinados a *Las flores del mal* definitivo (así lo consideraba ya el mismo poeta). Incluso habría sido posible que el pequeño volumen belga —editado con la intención de distribuirlo en Francia clandestinamente, como se hacía con tantos otros— se deshiciera para trasladar a su libro más ambicioso alguna de sus composiciones; por eso ofrecemos aquí íntegro este último título baudeleriano, en el que figuran los seis poemas prohibidos tras el juicio a la primera edición.

Conservamos los signos de puntuación empleados por Baudelaire, salvo en contados casos que podían prestarse a una lectura confusa. Hemos respetado el uso, frecuente, de la raya, que no da paso a un inciso ni inicia un diálogo, sino que marca un cambio de tono o de punto de vista. Las mayúsculas son de Baudelaire, por supuesto, pero pasamos a minúsculas las iniciales de verso.

Las notas al pie se refieren a nombres propios o aclaran detalles imprescindibles de la composición originaria de los poemas.

— o —

Agradezco mucho a la Editorial Edaf la confianza que puso en mí al encargarme este trabajo hace ya no pocos años y la paciencia que ha mostrado al esperar que otros compromisos me permitieran abordarlo.

Por último, me satisface expresar aquí mi gratitud hacia Carlos Janín, que me dio el impulso decisivo para pasar desde el ensayo general del borrador de este libro hasta el estreno de su versión actual. Las sesiones en que recorrimos y comentamos el texto francés y el español constituyeron un seminario en el que sin lugar a dudas yo fui el más favorecido. Ojalá haya conseguido que el lector se aproveche también.

Bibliografía

Obras de Baudelaire

Las *Oeuvres complètes* ya reseñadas (La Pleyade, Paris, 1975), de cuyo primer volumen parte esta traducción, contienen una gran cantidad de notas críticas y explicativas del editor Claude Pichois que me han orientado en la comprensión de cada poema y del conjunto. Igualmente me han sido muy aleccionadoras las notas de Antoine Adam a su edición de *Les fleurs du mal* (*Les épaves - Brives - Poèmes divers - Amoenitates Belgicae*), de Éditions Garnier Frères, Paris, 1961. También he consultado y manejado para esta introducción la edición de *Oeuvres complètes* al cuidado de Marcel A. Ruff para Éditions du Soleil (col. L'Intégrale), Paris, 1968.

Biografía, estudios y monografías

La biografía de Baudelaire que me parece más recomendable, y la que he manejado, es la de Claude Pichois y Jean Ziegler, éd. Julliard, Paris, 1987 (traducción española de Pierrette Salas Martinelli para ed. Alfons el Magnànim, Valencia, 1989).

Para una visión de la época en su conjunto he tenido en cuenta *De Chateaubriand à Baudelaire*, de Max Milner y Claude Pichois, éd. Arthaud, Paris, 1985.

Como monografías generales he consultado:

— Marcel A. Ruff: *Baudelaire. L'homme et l'oeuvre*, éd. Hatier-Boivin, Paris, 1955.
— Claude Pichois: *Baudelaire: études et témoignages,* éd. de la Baconnière, Neuchatel, 1967.
— René Galand: *Baudelaire. Poétiques et poésie*, éd. A. G. Nizet, Paris, 1969.

Sigue siendo estimulante la lectura del ensayo de Jean Paul Sartre *Baudelaire* (traducción española de Aurora Bernárdez en Alianza, Madrid, 1984), sobre todo si se lee también el que incluye Georges Bataille sobre nuestro poeta en *La littérature et le mal* (*Oeuvres complètes*, IX, Gallimard, 1979, hay traducción española), donde se responde a Sartre de forma esclarecedora. Al margen de esa polémica, pero como colofón muy adecuado, véase la primera parte, «Baudelaire», de *La poésie éclatée*, de Georges Poulet, P. U. F., Paris, 1980 (la segunda está dedicada a Rimbaud).

De carácter muy distinto pero también complementario, pueden consultarse el libro de Walter Benjamin *Iluminaciones II. Baudelaire. Un poeta en el esplendor del capitalismo* (Prólogo y traducción de Jesús Aguirre), Taurus, Madrid, 1972, y el de Félix de Azúa *Baudelaire y el artista de la vida moderna*, Anagrama, Barcelona, 1999.

Tienen también interés los prólogos, presentaciones y notas a las traducciones españolas de *Las flores del mal* de Carlos Pujol (Planeta, 1992), Antonio Martínez Sarrión (Alianza, 1995), Luis Martínez de Merlo y Alain Verjat (Cátedra, 1998), Javier del Prado y José A. Millán (Espasa, 2000) y Enrique López Castellón (Akal, 2003, y Edimat, 2007).

La cita de Roger Caillois procede de *L'homme et le sacré* (Gallimard, 1950); la de Martinet está recogida en el estudio de Georges Mounin *Les problèmes théoriques de la traduction* (Gallimard, 1963), y la de Jaimes Freyre, junto con una exposición acerca de la dinámica del verso, puede verse ampliada en mi ensayo «El ritmo en el verso libre», incluido en Miguel Casado (ed.), *Cuestiones de poética*, (Iberoamericana-Vervuert, Madrid-Frankfurt am Main, 2009).

Las flores del mal

AL POETA IMPECABLE

AL PERFECTO MAGO DE LAS LETRAS FRANCESAS

A MI MUY QUERIDO Y MUY VENERADO

MAESTRO Y AMIGO

THÉOPHILE GAUTIER

CON EL SENTIMIENTO

DE LA MÁS PROFUNDA HUMILDAD

DEDICO

ESTAS FLORES MALSANAS

C. B.

Al lector

La sandez, el error, la ruindad, el pecado,
nos ocupan el alma y desgastan nuestro cuerpo,
y alimentamos nuestros remordimientos complacientes
igual que los mendigos sustentan sus parásitos.

Nuestros pecados son testarudos, nuestros arrepentimientos
[son cobardes;
nos hacemos pagar con generosidad las confesiones,
y volvemos alegres al camino fangoso
creyendo que lavamos nuestras lacras con lágrimas abyectas.

En la almohada del mal es Satán Trismegisto
quien acuna sin prisa nuestra alma encantada,
y el valioso metal de nuestra voluntad
acaba evaporado por ese sabio químico.

¡El Diablo es quien sujeta los hilos que nos mueven!
En cosas repugnantes hallamos atractivos;
cada día descendemos un paso hacia el Infierno
sin horror, a través de tinieblas que hieden.

Igual que un libertino pobre que besa y come
el pecho maltratado de una antigua buscona,
robamos al pasar un placer clandestino
que exprimimos a fondo como una naranja añeja.

Apretado, hormigueante, como un millón de larvas,
retoza en nuestros sesos un pueblo de Demonios,
y cuando respiramos, baja la Muerte a nuestros pulmones
en un río invisible, con sordos lamentos.

Si ni la violación, ni el veneno, ni el puñal ni el incendio
han bordado hasta ahora con sus gratos dibujos
el banal cañamazo de nuestro destino lamentable,
es que nuestra alma, por desgracia, no es lo bastante atrevida.

Pero entre los chacales, las panteras, las perras de presa,
los monos, los escorpiones, los buitres, las serpientes,
los monstruos que gañen, aúllan, gruñen o reptan,
en la casa de fieras infame de nuestros vicios

¡hay uno más feo, más malvado, más inmundo!
Aunque no gesticule ni lance grandes gritos,
haría con mucho gusto de la tierra un despojo
y en un bostezo se tragaría el mundo;

¡es el Hastío! — con los ojos hinchados de un llanto
                                        [involuntario,
sueña cadalsos mientras fuma su pipa india.
Tú conoces, lector, a ese monstruo exquisito,
¡hipócrita lector —mi doble—, hermano mío!

Spleen e Ideal

I

Bendición

Cuando, por un decreto de los poderes supremos,
el Poeta aparece en este mundo hastiado,
su madre horrorizada y desbordante de blasfemias
crispa sus puños hacia Dios, que la compadece:

«¡Ah, que no haya parido todo un nido de víboras,
en vez de amamantar a esta irrisión!
¡Maldita sea la noche de placeres efímeros
en que mi vientre concibió mi condena!

¡Puesto que me elegiste entre todas las mujeres
para que diera asco a mi triste marido,
y puesto que no puedo arrojar a las llamas
como esquela amorosa a este monstruo esmirriado,

yo he de hacer que salpique tu odio que me abruma
al maldito instrumento de tus malignidades,
y tanto estrujaré este árbol miserable
que verá malograrse sus brotes corrompidos!».

Así vuelve a tragarse la espuma de su odio
y, como no comprende los eternos designios,
ella misma prepara en el fondo de la Gehena
las hogueras reservadas para los crímenes maternos.

Sin embargo, bajo la tutela invisible de un Ángel,
el Hijo desheredado se emborracha de sol
y en todo lo que bebe y en todo lo que come
encuentra la ambrosía y el néctar escarlata.

Juega con el viento, conversa con la nube
y cantando se embriaga con el vía crucis;
y el Espíritu que lo acompaña en su peregrinación
llora al verlo contento como un pájaro del bosque.

Los que él pretende amar lo observan aprensivos,
o bien, envalentonados ante su despreocupación,
compiten por arrancarle una queja
y hacen en él la prueba de su ferocidad.

En el pan y en el vino destinados a su boca
mezclan ceniza con impuros salivazos;
rechazan hipócritamente lo que él toca
y se reprochan haber seguido sus huellas.

Su mujer va gritando por las plazas públicas:
«Ya que me ve lo bastante hermosa para adorarme,
ejerceré el oficio de los antiguos ídolos,
y como ellos quiero ser recubierta de oro;

¡y me emborracharé de nardo, incienso, mirra,
y de genuflexiones, de carnes y de vinos,
para saber si en un corazón que me admira
puedo usurpar riendo los homenajes a los dioses!

Y cuando ya me aburran estas farsas impías,
posaré sobre él mi mano endeble y fuerte,
y, al igual que las uñas de las arpías, mis uñas
sabrán abrirse paso hasta su corazón.

¡Como un pájaro aún tierno que tiembla y que palpita,
sacaré de su pecho el sangrante corazón
y, para que se sacie mi fiera favorita,
se lo arrojaré con desdén por el suelo!».

Hacia el Cielo, donde su mirada divisa un trono espléndido,
el Poeta sereno alza sus brazos piadosos,
y los amplios destellos de su espíritu lúcido
le nublan la imagen de los pueblos furiosos:

— «¡Bendito seáis, Dios mío, que dais el sufrimiento
como divino remedio de nuestras impurezas
y como la mejor y la más pura sustancia
que prepara a los fuertes para los deleites santos!

Yo sé que reserváis un puesto para el Poeta
en las filas beatíficas de las santas Legiones,
y que lo convidáis al regocijo eterno
de los Tronos, de las Virtudes, de las Dominaciones.

Yo sé que el dolor es la única nobleza
que la tierra y los infiernos jamás corromperán,
y que para trenzar mi mística corona
deben contribuir todas las edades y todos los universos.

Pero ni las joyas perdidas de la antigua Palmira,
ni los metales ignotos, ni las perlas del mar,
engastados por vuestra mano, darían la medida
de esta hermosa diadema resplandeciente y clara;

porque no puede hacerse más que con pura luz
sacada del hogar santo de los rayos primitivos,
y ante la que los ojos mortales, en todo su esplendor,
apenas son espejos oscurecidos y dolientes!».

II

El albatros

Los marineros, por diversión, con frecuencia
atrapan albatros, enormes pájaros de los mares
que siguen, como indolentes compañeros de viaje,
al navío que se desliza sobre los abismos amargos.

Tan pronto han sido arrojados a cubierta,
estos reyes del azul, torpes y vergonzosos,
penosamente abaten sus grandes alas blancas
como si fueran remos a uno y otro costado.

¡Ese alado viajero, qué desmañado es y qué apático!
¡Él, tan hermoso poco antes, qué cómico y feo resulta!
¡Hay quien le hurga en el pico con su cachimba,
quien imita cojeando al inválido que volaba!

El Poeta se parece al príncipe de las nubes
que es asiduo de la tempestad y se ríe del arquero;
exiliado en la tierra entre los abucheos,
sus alas de gigante le impiden caminar.

III

Elevación

Por encima de charcas, por encima de valles,
de montañas, de bosques, de nubes y de mares,
más allá del sol, más allá del éter,
más allá de los confines de las esferas estrelladas,

espíritu mío, tú te mueves con soltura,
y, como un buen nadador extasiado en las olas,
surcas alegremente la inmensidad profunda
con una voluptuosidad inefable y viril.

Alza el vuelo muy lejos de estos mórbidos miasmas;
llega a purificarte en el aire supremo,
y bebe, como un puro y divino licor,
el fuego transparente que colma los límpidos espacios.

Tras los hastíos y los grandes pesares
que oprimen con su peso la existencia sombría,
feliz aquel que puede con ala vigorosa
lanzarse hacia los ámbitos luminosos y sosegados,

y cuyos pensamientos, igual que las alondras,
hacia el cielo muy de mañana echan a volar libres,
— ¡quien flota sobre la vida y comprende sin esfuerzo
el lenguaje de las flores y de las cosas mudas!

IV

Correspondencias

La Naturaleza es un templo donde pilares vivientes
a veces dejan salir confusas palabras;
allí se adentra el hombre entre bosques de símbolos
que lo observan con miradas familiares.

Igual que largos ecos fundidos a lo lejos
en una tenebrosa y profunda unidad
vasta como la noche y como la claridad,
los aromas, los colores y los sonidos se responden.

Hay aromas frescos como carnes de niños,
suaves como los oboes, verdes como las praderas,
— y hay otros corrompidos, intensos y triunfantes,

expandidos igual que las cosas infinitas,
como el almizcle, el ámbar, el benjuí y el incienso,
que celebran los éxtasis del alma y los sentidos.

V

Me gusta recordar esas desnudas épocas
en que Febo doraba por placer las estatuas.
El hombre y la mujer de entonces, en plena lozanía,
gozaban sin engaño y sin ansiedad,
y, mientras el amoroso cielo acariciaba su lomo,
aprovechaban la buena salud de su noble mecanismo.
Cibeles, que era fértil en frutos generosos,
no consideraba a sus hijos una carga onerosa en exceso,
sino que, como loba cuyo pecho llenaban las ternuras sencillas,
nutría el universo con sus ubres oscuras.
El hombre, elegante, sólido y fuerte, con justicia
se sentía orgulloso de las mujeres hermosas que lo nombraban su rey;
¡frutos limpios de daños y sin la más mínima grieta,
cuya carne apretada y tersa atraía los mordiscos!

Hoy el Poeta, cuando pretende imaginar
aquellas grandezas prístinas, allí donde se exponen
la desnudez del hombre y la de la mujer,
siente envuelta su alma en un frío tenebroso
ante ese negro cuadro repleto de pavor.
¡Oh monstruosidades que echan de menos su ropa!
¡Oh ridículos troncos!, ¡torsos dignos de máscaras!
¡Oh pobres cuerpos retorcidos, flacos, panzudos o fofos,
que el dios de lo Útil, implacable y sereno,
enfajó siendo niños en pañales de bronce!
¡Y vosotras, mujeres —¡qué pena!—, pálidas como cirios,
que roe y alimenta la orgía, y vosotras, vírgenes

que del vicio materno arrastráis la herencia
y todos los horrores de la fecundidad!

Tenemos, eso es cierto, naciones corrompidas,
bellezas ignoradas por los pueblos antiguos:
rostros roídos por los chancros del amor,
y como si dijéramos beldades desmayadas;
pero esas invenciones de nuestras musas tardías
no impedirán nunca que las razas malsanas
rindan un homenaje hondo a la juventud,
— ¡la santa juventud, de porte sencillo y frente suave,
de límpida mirada diáfana como corriente de agua,
que va derramando alrededor, despreocupada
como el azul del cielo, las flores y los pájaros,
sus perfumes, sus cantos y sus dulces ardores!

VI

Los faros

Rubens, río de olvido, jardín de la pereza,
almohada de carne fresca sobre la que no se puede amar,
pero donde la vida afluye y se agita sin descanso
como el aire en el cielo y la mar en la mar;

Leonardo de Vinci, espejo hondo y sombrío,
donde ángeles encantadores, con dulce sonrisa
preñada de misterio, se aparecen a la sombra
de glaciares y pinos que enmarcan sus paisajes;

Rembrandt, triste hospital repleto de murmullos
y decorado sólo con un gran crucifijo,
donde el rezo lloroso brota de las basuras
y un rayo de sol frío bruscamente atraviesa;

Miguel Ángel, lugar impreciso donde se ve a los Hércules
mezclarse con los Cristos, y levantarse erectos
poderosos fantasmas que al ocaso
desgarran su sudario alargando los dedos;

Iras de boxeador, impudicias de fauno,
tú que supiste captar la belleza de los granujas,

gran corazón henchido de orgullo, hombre débil y pálido,
Puget[1], melancólico emperador de galeotes;

Watteau, ese carnaval donde tantos corazones ilustres,
igual que mariposas, vagan resplandeciendo,
decorados frescos y finos iluminados por lámparas
que vierten la locura sobre el revuelo del baile;

Goya, mal sueño lleno de cosas ignoradas,
de fetos que se cuecen en medio del aquelarre,
viejas ante el espejo y mocitas desnudas
que se ajustan las medias para tentar a los demonios;

Delacroix, lago de sangre infestado de ángeles malos,
a la umbría de un bosque de abetos siempre verde,
por donde, bajo el cielo tristón, unas fanfarrias extrañas
pasan como un suspiro apagado de Weber;

esas maldiciones, esas blasfemias, esas quejas,
esos gritos y éxtasis y llantos y *Te Deums*,
son un eco que mil laberintos imitan;
¡un opio divino para los corazones mortales!

¡Es un grito que mil centinelas repiten,
una orden transmitida por mil pregoneros,
es un faro encendido sobre mil ciudadelas,
una llamada de cazadores perdidos en los bosques!

¡Pues sin duda, Señor, el mejor testimonio
que pudiéramos dar de nuestra dignidad
es este enardecido sollozo que rueda por los siglos
y a morir llega al borde de vuestra eternidad!

---

[1] Pierre Puget (1610-1694), escultor, pintor y arquitecto francés que no obtuvo la aprobación de sus contemporáneos a causa de la violencia de sus formas, y que fue considerado precursor del romanticismo.

VII

La musa enferma

Mi pobre Musa, ¡ay!, ¿qué te ocurre esta mañana?
Tus ojos hundidos están habitados por visiones nocturnas,
y veo que se alternan en tu tez reflejados
la locura y el pánico, fríos y taciturnos.

¿El súcubo verdoso y el rosáceo duende
han vertido en ti el miedo y el amor de sus ánforas?
¿Con travieso y despótico puño la pesadilla
te ha ahogado en el fondo de un Minturno[2] de fábula?

Quisiera que exhalando un olor saludable
frecuentaran tu pecho siempre ideas elevadas,
y tu sangre cristiana fluyera en oleadas rítmicas

como los sonidos prolongados de las antiguas sílabas
donde alternan reinado el padre de los cantos,
Apolo, y el gran Pan, el señor de las mieses.

---

[2] Minturno: lugar pantanoso del Lacio donde Mario se refugió.

VIII

La musa venal

Oh musa de mi corazón, que te prendas por los palacios,
¿tendrás cuando enero deje suelto a su Bóreas,
en los tedios sombríos de las nevadas noches,
un tizón que caliente tus pies amoratados?

¿Reanimarás entonces tus hombros ateridos
con los rayos nocturnos que horadan los postigos?
Al sentir tu bolsa tan seca como tu paladar,
¿cosecharás el oro de las celestes bóvedas?

Para ganar tu pan de cada día, debes
balancear el incensario, igual que un monaguillo,
cantar *Te Deums* en los que apenas crees,

o, como saltimbanqui en ayunas, exhibir tus encantos
y tu risa bañada por lágrimas que nadie ve,
para que la chusma pueda partirse de risa.

IX

El mal monje

Sobre sus altos muros, los claustros antiguos
exponían en cuadros a la santa Verdad,
cuya impresión, caldeando las piadosas entrañas,
templaba el frío de su austeridad.

En aquel tiempo, cuando crecía la siembra del Cristo,
más de un ilustre monje, hoy ya poco citado,
tomando por taller el campo funerario,
glorificaba a la Muerte con naturalidad.

— Mi alma es una tumba que yo, mal cenobita,
desde la eternidad habito y que recorro;
nada embellece los muros de este claustro odioso.

¡Oh monje holgazán! ¿Cuándo sabré yo hacer
con el vivo espectáculo de mi triste miseria
la obra de mis manos y el amor de mis ojos?

X

El enemigo

Mi juventud tan solo fue una oscura tormenta,
atravesada a trechos por soles esplendentes;
los rayos y la lluvia hicieron tal estrago
que en mi jardín apenas quedan frutos bermejos.

Ahora veo que he alcanzado el otoño de las ideas,
y que debo emplear la pala y el rastrillo
para recomponer las tierras inundadas
donde el agua abre hoyos tan grandes como tumbas.

¿Y quién sabe si las flores nuevas que sueño
encontrarán en este suelo arrasado como un arenal
el místico alimento que les daría vigor?

— ¡Oh dolor! ¡Oh dolor! ¡El Tiempo come vida,
y el oscuro Enemigo que nos roe el corazón
crece y se fortalece con la sangre que perdemos!

XI

La mala suerte

¡Para levantar un peso tan grande,
Sísifo, haría falta tu valor!
Aunque trabajemos con buen ánimo,
el Arte es largo y el Tiempo corto.

Lejos de las sepulturas célebres,
hacia un cementerio recoleto,
mi corazón, como un tambor destemplado,
marca el paso de las marchas fúnebres.

— Más de una joya duerme enterrada
en las tinieblas y el olvido,
lejos de piquetas y de sondas;

más de una flor derrama sin gana
su aroma suave como un secreto
en las soledades profundas.

XII

La vida anterior

Mucho tiempo he vivido bajo espaciosos pórticos
que los soles marinos teñían de mil fulgores,
y cuyos grandes pilares, rectos y majestuosos,
de noche les hacían parecerse a grutas de basalto.

El oleaje, envolviendo las celestes imágenes,
de manera solemne y mística mezclaba
los todopoderosos acordes de su música excelsa
con los colores del ocaso reflejado por mis ojos.

Allí he vivido yo en las voluptuosidades serenas,
en medio del azul, de las olas, de los esplendores,
y rodeado de esclavos desnudos impregnados de aromas,

que con hojas de palma refrescaban mi frente,
y cuyo solo empeño era indagar la causa
del secreto doloroso que me hacía languidecer.

XIII

Gitanos viajando

La profética tribu de pupilas ardientes
se echó ayer al camino, llevando a sus pequeños
a la espalda, o librando a sus hambres caninas
el tesoro siempre disponible de los pechos colgantes.

Los hombres van a pie con sus armas lustrosas al hombro
junto a los carros donde los suyos se agazapan,
paseando por el cielo sus ojos embotados
por la lúgubre queja de quimeras ausentes.

Desde el fondo de su cubil de arena, el grillo,
al mirarlos pasar, redobla su canción;
Cibeles, que los ama, aumenta sus verdores,

saca agua de la roca y da al desierto flores
ante estos viajeros a los que espera abierto
el familiar imperio de las tinieblas futuras.

XIV

El hombre y el mar

¡Hombre libre, tú siempre adorarás al mar!
El mar es tu espejo; tú contemplas tu alma
en el infinito despliegue de sus olas,
y no es menos amarga que la suya la sima de tu espíritu.

Te gusta sumergirte en el seno de tu imagen;
la abrazas con los ojos y los brazos, y tu corazón
a veces se sustrae de su propio murmullo
con el ruido de esa queja indómita y salvaje.

Los dos sois tenebrosos y discretos:
hombre, nadie ha sondeado el fondo de tus abismos;
oh mar, nadie conoce tus íntimas riquezas,
¡así sois de celosos para vuestros secretos!

Y sin embargo ya hace innumerables siglos
que os peleáis sin piedad y sin remordimiento,
hasta ese punto os gusta la matanza y la muerte,
¡oh eternos luchadores, oh hermanos implacables!

XV

Don Juan en los infiernos

Cuando don Juan bajó al lago subterráneo
y hubo entregado su óbolo a Caronte,
un oscuro mendigo de mirada altiva, como Antístenes[3],
agarró cada remo con sus robustos brazos vengativos.

Enseñando sus pechos caídos y sus vestidos abiertos,
unas mujeres se retorcían bajo el negro firmamento
y, como un gran rebaño de víctimas ofrendadas,
arrastraban tras él un mugido prolongado.

Sganarelle le exigía entre risas su paga,
mientras que don Luis[4], con dedo tembloroso,
mostraba ante los muertos que erraban por la orilla
al hijo audaz que hizo escarnio de sus canas.

Estremeciéndose enlutada, la casta y flaca Elvira,
junto al esposo pérfido y en otro tiempo su amante,
parecía reclamarle una última sonrisa
donde brillara la dulzura de su primer juramento.

[3] Filósofo griego cínico.
[4] En el *Don Juan* de Molière, don Luis es el padre del protagonista.

Muy tieso en su armadura, un gran hombre de piedra
sujetaba el timón y surcaba la negra corriente,
pero el héroe impasible, apoyado en su estoque,
contemplaba la estela sin dignarse ver nada.

XVI

Castigo del orgullo

En aquellos tiempos maravillosos en que la Teología
floreció como nunca en vigor y en potencia,
se cuenta que un buen día un doctor de los más grandes
— tras haber convertido corazones escépticos,
y haberlos removido en sus honduras negras;
tras haber recorrido hacia glorias celestes
senderos singulares que ni él conocía,
donde tan sólo puros Espíritus quizá habían llegado—,
como quien ha ascendido demasiado, muerto de miedo,
exclamó arrebatado por un orgullo satánico:
«¡Jesús, Jesusito!, ¡te he encumbrado muy alto!,
pero si hubiera querido atacar tus puntos flacos,
tu vergüenza igualaría a tu gloria
¡y no serías más que un feto irrisorio!».
Perdió inmediatamente la razón.
El brillo de aquel sol se veló con crespones;
el caos total invadió aquella inteligencia,
antaño templo vivo, lleno de orden y opulencia,
bajo cuyo techo había resplandecido tanta fastuosidad.
El silencio y la noche se instalaron en él
como en una bodega cuya llave perdimos.
Desde entonces fue como los animales callejeros,
y cuando se alejó sin fijarse en nada, a campo traviesa,
indiferente a inviernos y veranos,
sucio, inútil y feo como un trasto viejo,
era el hazmerreír y el gozo de los niños.

XVII

La belleza

Soy hermosa, ¡oh mortales!, como un sueño de piedra,
y mi pecho, donde nadie se libra de estrellarse,
está hecho para inspirar al poeta un amor
eterno y mudo igual que la materia.

Yo domino en el cielo como esfinge enigmática,
reúno en mí un corazón de nieve y la blancura de los cisnes;
odio la agitación que quiebra las líneas
y nunca lloro y nunca río.

Los poetas, ante mis poses solemnes,
que parecen copiadas de los más altivos monumentos,
consumirán sus días en austeros estudios;

pues, para fascinar a estos amantes dóciles,
tengo puros espejos gracias a los que todo es más hermoso:
¡mis ojos, mis grandes ojos de fulgores eternos!

XVIII

El ideal

No serán nunca esas bellezas de estampita,
productos defectuosos, hijos de un siglo golfo,
de pies con borceguíes y dedos con castañuelas,
las que podrán saciar un pecho como el mío.

Dejo a Gavarni[5], poeta de las clorosis,
su rebaño gorjeante de beldades de hospital,
pues no puedo encontrar entre esas rosas pálidas
una flor que se parezca a mi rojo ideal.

Lo que necesita este corazón hondo como un abismo
sois vos, Lady Macbeth, alma fuerte en el crimen,
sueño que tuvo Esquilo bajo el rigor del austro;

¡o tú, inmensa Noche, hija de Miguel Ángel,
que retuerces tranquila en una pose insólita
tus atributos curtidos por las bocas de los Titanes[6]!

---

[5] Caricaturista competidor de Daumier, a quien Baudelaire admiraba.
[6] Los Titanes eran hijos de la Noche, y de ella se amamantaron.

XIX

La giganta

En los tiempos en que la Naturaleza, con su inspiración fecunda,
concebía a diario criaturas monstruosas,
me hubiera gustado vivir junto a una joven giganta,
como un gato voluptuoso a los pies de una reina.

Me hubiera gustado ver cómo su cuerpo florecía con su alma
y crecía libremente entre terribles juegos;
descubrir si su pecho incubaba una llama sombría
en las húmedas nieblas flotantes de sus ojos;

recorrer a placer sus magníficas formas;
trepar por la vertiente de sus rodillas enormes,
y a veces, en estío, cuando los soles malsanos

la obligan, fatigada, a tumbarse en la anchura del campo,
dormirme tan campante a la sombra de sus pechos,
como una aldea apacible al pie de una montaña.

XX

La máscara

Estatua alegórica al gusto del Renacimiento

A Ernest Christophe, escultor[7]

Contemplemos ese tesoro de gracias florentinas;
en la sinuosidad de ese cuerpo musculoso
abundan la Elegancia y la Fuerza, olímpicas hermanas.
Esa mujer, pieza realmente milagrosa,
divinamente robusta, adorablemente esbelta,
está hecha para presidir lechos suntuosos
y amenizar los ocios de un papa o de un príncipe.

— Mira, si no, la leve sonrisa voluptuosa
donde la Fatuidad saca a paseo su éxtasis;
esa larga mirada ambigua, lánguida y burlona,
el rostro remilgado, enmarcado de gasa,
donde todo detalle nos dice con aire victorioso:
«¡El Placer me reclama y el Amor me corona!».
¡Mira cómo a este ser tan majestuoso
le da un encanto excitante la gracilidad!
Aproximémonos, y giremos en torno a su belleza.

---

[7] Artista celebrado por Baudelaire en sus críticas de arte.

¡Oh blasfemia del arte!, ¡oh sorpresa fatal!
¡La mujer de cuerpo divino, prometedor de dicha,
en su cúspide acaba como un monstruo bicéfalo!

— ¡Pues no! Sólo es una máscara, un decorado adulador,
ese rostro iluminado por un exquisito mohín,
y, mira, ahí tienes, atrozmente crispada,
la cabeza real, y la auténtica cara
turbada y escondida tras la cara que miente.
¡Oh gran belleza lastimosa!, el magnífico río
de tu llanto desemboca en mi inquieto corazón;
¡tu mentira me embriaga y mi alma se abreva
del raudal que el Dolor extrae de tus ojos!

— Llora, pero ¿por qué? Ella, beldad perfecta
que a sus plantas pondría a la humanidad derrotada,
¿qué misterioso mal roe su torso atlético?

— ¡Ella llora, insensato, porque ha vivido!,
¡y porque vive! Pero lo que deplora, sobre todo,
lo que la hace estremecerse hasta las rodillas,
es que mañana, ¡ay!, ¡aún habrá que vivir!
¡Mañana, pasado mañana y siempre! —¡lo mismo que nosotros!

XXI

Himno a la belleza

¿Vienes del cielo profundo o sales del abismo,
oh Belleza? Tu mirada, infernal y divina,
derrama confundidos los favores y el crimen,
por eso podemos compararte con el vino.

Contienes en tus ojos el ocaso y la aurora;
diseminas perfumes como una tarde tormentosa;
tus besos son un bebedizo y tu boca un ánfora
que hacen cobarde al héroe y valeroso al niño.

¿Brotas de la sima negra o bajas de los astros?
El Destino embrujado va pegado a tus faldas como un perro;
siembras al azar la alegría y los desastres,
y lo gobiernas todo sin responder de nada.

Caminas sobre muertos, Belleza, y te burlas de ellos;
entre tus joyas no es el Horror la menos fascinante,
y el Asesinato, entre tus colgantes preferidos,
baila amorosamente sobre tu vientre orgulloso.

Deslumbrada, la mariposa nocturna vuela hacia ti, candela,
crepita ardiendo y dice: ¡Bendita sea esta llama!
El enamorado jadeante inclinado hacia su bella
parece un moribundo que acaricia su tumba.

Vengas del cielo o del infierno, ¿qué importa,
¡oh belleza, monstruo inmenso, pavoroso, ingenuo!,
si tus ojos, tu risa, tu pie, me abren la puerta
de un Infinito que amo y nunca he conocido?

De Satán o de Dios, ¿qué importa? Ángel o Sirena,
¿qué importa, si tú —hada de ojos de terciopelo,
ritmo, fulgor, perfume, ¡oh mi única reina!— consigues que sean
el universo menos horrible y los instantes más ligeros?

XXII

Perfume exótico

Cuando a ojos cerrados, en una tarde cálida de otoño,
respiro el olor de tu seno ardoroso,
veo cómo se ensanchan litorales felices
deslumbrados por rayos de un monótono sol;

una isla perezosa donde la naturaleza ofrece
árboles peculiares y frutos suculentos,
hombres de cuerpo esbelto y vigoroso
y mujeres que miran con franqueza que pasma.

Guiado por tu olor hacia hechizantes climas,
veo un puerto repleto de velas y de mástiles
todavía cansados por la brega con las olas del mar,

a la vez que el perfume de verdes tamarindos,
que se esparce en el aire y da alas a mi olfato,
se mezcla en mi alma con el canto de los marineros.

XXIII

La cabellera

¡Oh vellón, ensortijado sobre la cerviz!
¡Oh bucles! ¡Oh perfume cargado de molicie!
¡Éxtasis! ¡Para poblar esta noche la alcoba oscura
con recuerdos que duermen en esta cabellera,
quiero agitarla al aire como un pañuelo!

El Asia lánguida y la ardiente África,
todo un mundo lejano, ausente, casi muerto,
en tus profundidades vive, ¡oh bosque aromático!
Igual que otros espíritus en la música bogan,
el mío navega, ¡oh mi amor!, en tu perfume.

Iré allá donde el árbol y el hombre, en plena savia,
se embelesan sin límite bajo la ardiente atmósfera;
¡oh fuertes trenzas, sed la marea que me arrastre!
Tú albergas, mar de ébano, un sueño deslumbrante
de velas, de remeros, de gallardetes y de mástiles:

un puerto bullicioso donde mi alma puede beber
a grandes tragos el perfume, el sonido y el color;
donde las naves, deslizándose sobre el oro y la seda,
abren sus largos brazos para abarcar la gloria
de un cielo puro donde vibra el eterno calor.

Hundiré mi cabeza entregada a la ebriedad
en ese negro océano donde el otro se encierra;
y mi sutil espíritu acariciado por el vaivén
sabrá encontraros —¡oh fecunda pereza!—,
¡balanceos infinitos del recreo embalsamado!

Cabellera azulada, palio de tinieblas tendidas,
me traes el azul del cielo inmenso y curvo;
en la pelusilla donde acaban tus mechones rizados
me embriago ardientemente con aromas que mezclan
el aceite de coco, el almizcle y la brea.

¡Por mucho tiempo!, ¡siempre!, mi mano en tu maraña espesa
sembrará el rubí, la perla y el zafiro
¡para que a mi deseo nunca te muestres sorda!
¿No eres el oasis con que sueño y el odre
donde aspiro a raudales el vino del recuerdo?

XXIV

Te adoro igual que a la bóveda nocturna,
oh cáliz de tristeza, oh gran taciturna,
y te amo tanto más cuanto que huyes de mí, hermosa,
y cuanto que pareces, adorno de mis noches,
aumentar con creciente ironía las leguas
que separan mis brazos de las inmensidades azules.

Me abalanzo al ataque y escalo en el asalto,
como junto a un cadáver un coro de gusanos,
¡y me enternece, oh bestia implacable y cruel,
hasta esa frialdad que me hace verte aún más hermosa!

XXV

¡Meterías en tu alcoba el universo entero,
mujer impura! El hastío hace tu alma cruel.
Para que se ejerciten tus dientes en ese juego insólito,
cada día necesitas un corazón en tu pesebre.
Tus ojos, alumbrados igual que escaparates
y que las luminarias rutilantes de los festejos públicos,
ejercen con insolencia un poder que no es suyo,
sin conocer jamás la ley de su belleza.

¡Máquina ciega y sorda, en crueldades fecunda!
Mediadora salvífica, que bebes la sangre del mundo,
¿cómo no te avergüenzas, y cómo aún no has visto
en todos los espejos palidecer tu encanto?
La magnitud del mal en el que te crees sabia
¿nunca te ha provocado un rechazo de espanto,
cuando la naturaleza, grande en sus planes ocultos,
se sirve de ti, oh mujer, oh reina de los pecados,
—de ti, vil animal—, para dar forma a un genio?

¡Oh cenagosa grandeza! ¡Sublime ignominia!

XXVI

Sed non satiata[8]

Rara deidad, oscura como las noches,
perfumada con mixtura de almizcle y habano,
invento de algún mago, el Fausto de la sabana,
bruja de torso de ébano, hija de medianoches negras,

prefiero al *nuits*, al *constance*[9] y al opio,
el elixir de tu boca donde el amor se pavonea;
cuando hacia ti mis deseos parten en caravana,
tus ojos son el aljibe donde bebe mi hastío.

Por esos grandes ojos negros, tragaluces de tu alma,
¡demonio sin piedad!, viérteme menos fuego;
no soy el Estigio[10] para poseerte nueve veces,

¡por desgracia!, y no puedo, libertina Megera[11],
para domar tu ardor y acorralarte,
hacerme Proserpina[12] en tu infierno de cama.

---

[8]   En latín: «Pero no saciada», cita de una sátira de Juvenal contra Mesalina y las mujeres en general, donde se lee: «Cansada de los hombres, pero no saciada». Alude —como todo el poema— a la promiscuidad y a la bisexualidad de Jeanne Duval.

[9]   «Nuits» es un vino oriundo de Nuits-Saint-Georges (Borgoña); el «Constance», aun derivado de cepas francesas, procede de Ciudad del Cabo, puerto que pudo visitar Baudelaire en su viaje de juventud.

[10]   Río mitológico que rodeaba el infierno nueve veces.

[11]   Erinia griega (Furia latina).

[12]   Reina del infierno. El poeta juega con la ambigüedad sexual en ese «hacerse» mujer para J. D.

XXVII

Con sus vestidos ondulantes y nacarados,
hasta cuando camina se diría que baila,
como esas largas serpientes que los juglares hieráticos
agitan cadenciosamente en la punta de sus varas.

Como la arena lúgubre y el cielo del desierto,
insensibles los dos al sufrimiento humano,
como las largas redes del oleaje marino,
ella se desenvuelve con indiferencia.

Sus ojos bruñidos están hechos de minerales mágicos,
y en esa naturaleza simbólica y extraña
donde el ángel inmaculado se une a la esfinge antigua,

donde no hay más que oro, acero, luz y diamantes,
resplandece para siempre, igual que un astro inútil,
la fría majestad de la mujer estéril[13].

---

[13] Estaba bastante extendida, incluso entre los médicos, la convicción de que la prostituta no podía concebir.

XXVIII

La serpiente que baila

¡Cómo me gusta ver, querida indolente,
    espejear la piel
de tu cuerpo tan hermoso, igual
    que una tela oscilante!

Sobre tu espesa cabellera
    de perfumes acres,
mar fragante y vagabundo
    de olas azules y sombrías,

como un navío que se despierta
    con el viento matutino,
zarpa mi alma soñadora
    rumbo a un cielo lejano.

Tus ojos, donde no aflora nada
    de dulce ni de amargo,
son dos joyas frías donde se mezcla
    el oro con el hierro.

Viéndote andar cadenciosa,
    bella en tu desaliño,
pareces una serpiente que baila
    en la punta de un bastón.

Bajo el peso de tu pereza
     tu cabeza infantil
se balancea con la blandura
     de un joven elefante,

y tu cuerpo se cimbrea y se estira
     como una fina nave
que se escora a un lado y a otro y hunde
     sus vergas en el agua.

Como un raudal ensanchado al fundirse
     glaciares rugientes,
cuando el agua de tu boca asciende
     al filo de tus dientes,

me parece beber un vino de Bohemia,
     amargo y triunfal,
¡un cielo líquido que salpica
     de estrellas mi corazón!

XXIX

Una carroña

Recuerda lo que vimos, alma mía,
       una bella mañana de verano tan dulce:
a la vuelta de un sendero, una carroña infame
       sobre un cauce sembrado de guijarros,

con las piernas al aire, como una mujer lúbrica,
       hirviendo y rezumando venenos,
abría de forma cínica e indolente
       su vientre henchido de emanaciones.

El sol irradiaba sobre aquella podredumbre
       como para asarla hasta su punto,
y para devolver centuplicadas a la Naturaleza
       todas las piezas que juntas había armado.

Y el cielo miraba cómo la espléndida osamenta
       se abría lo mismo que una flor.
Tan fuerte era el hedor, que tú sobre la hierba
       creíste desmayarte.

Las moscas zumbaban sobre aquel vientre pútrido
       del que salían negros batallones
de larvas, que fluían como un espeso líquido
       sobre los harapos reanimados.

Todo aquello bajaba, subía como una ola,
    o se abalanzaba chisporroteante;
parecía que el cuerpo, hinchado por un vago aliento,
    vivía multiplicándose.

Y desprendía aquel mundo una música extraña,
    como el agua que corre y el viento,
o el grano que quien criba con movimiento rítmico
    agita y revuelve en su cedazo.

Las formas se borraban y no eran más que un sueño,
    un esbozo lento en aparecer
sobre el lienzo olvidado, y que el artista finaliza
    solo mediante el recuerdo.

Tras los peñascos una perra inquieta
    nos miraba con gesto arisco
espiando la ocasión para recuperar del esqueleto
    el pedazo que había abandonado.

— ¡Y sin embargo, tú has de ser semejante a esta porquería,
    a esta horrible infección,
estrella de mis ojos, sol de mi naturaleza,
    tú, mi ángel y mi pasión!

¡Sí! Así mismo serás, oh reina de la gracia,
    tras los últimos sacramentos,
cuando te vayas bajo la hierba y la profusión de flores
    para enmohecer entre las osamentas.

¡Entonces, oh mi hermosa, diles a los gusanos
    que te comerán a besos
que he guardado la forma y la esencia divina
    de mis amores descompuestos!

XXX

De profundis clamavi[14]

Imploro tu piedad, Tú, la única que amo,
desde el hondón oscuro donde ha caído mi corazón.
Esto es un universo lóbrego de horizonte plomizo,
donde flotan de noche el horror y la blasfemia.

Un sol que no calienta planea allá arriba seis meses,
y los otros seis meses la noche cubre la tierra;
este es un país más desnudo que la tierra polar;
— ¡Ni bichos, ni riachuelos, ni verdores, ni bosques!

Pues no hay horror que supere en el mundo
a la fría crueldad de este sol congelado
y a esta inmensa noche parecida al viejo Caos;

envidio yo la suerte de los animales más viles
que pueden sumergirse en un sueño torpón,
¡tan lenta se devana la madeja del tiempo!

---

[13] En latín, comienzo del Salmo 129, muy utilizado en la liturgia cristiana:
«Desde lo profundo clamé a ti, Yahvé».

XXXI

El vampiro

Tú que, como una cuchillada,
entraste en mi pecho doliente;
tú que, fuerte como un rebaño
de demonios, viniste, loca y engalanada,

a transformar mi espíritu humillado
en tu cama y tu heredad;
— infame a quien estoy atado
como un forzado a la cadena,

como al juego el jugador tozudo,
como a la botella el borracho
y a los gusanos la carroña,
— ¡maldita, maldita seas!

He rogado a la espada rápida
que conquiste mi libertad,
y he dicho al veneno pérfido
que socorra mi cobardía.

¡Ay de mí!, el veneno y la espada
me han respondido con desprecio:
«No mereces que te saquemos
de tu maldita esclavitud,

¡imbécil! —si de su dominio
te libraran nuestros esfuerzos,
¡tus besos resucitarían
el cadáver de tu vampiro!».

XXXII

Una noche en que estaba con una horrible judía,
como junto a un cadáver tendido otro cadáver,
me puse a meditar ante el cuerpo vendido
en la triste belleza a la que renuncia mi deseo.

Yo traía a mi mente su majestad indígena,
su mirar con las armas del vigor y la gracia,
sus cabellos en forma de casco perfumado,
cuyo recuerdo excita mi deseo.

Pues hubiera besado con fervor tu noble cuerpo,
y desde tus pies tiernos hasta tus negras trenzas
habría desplegado el tesoro de las profundas caricias,

si una noche, en un llanto logrado sin esfuerzo,
pudieras tan siquiera, ¡oh reina de las crueles!,
oscurecer el esplendor de tus frías pupilas.

XXXIII

Remordimiento póstumo

Cuando te hayas dormido, mi bella tenebrosa,
al fondo de un sepulcro hecho de mármol negro,
y cuando solo tengas por alcoba y morada
un panteón húmedo y una cóncava fosa;

cuando la piedra, hundiendo tu pecho asustadizo
y tu torso relajado por una deliciosa displicencia,
impida que palpite tu corazón y ansíe,
y que tus pies recorran tu carrera azarosa,

la tumba, confidente de mi sueño infinito
(porque la tumba siempre comprenderá al poeta),
en esas largas noches donde el sueño es proscrito,

te dirá: «¿De qué te sirve, cortesana incompleta,
nunca haber conocido lo que lloran los muertos?».
— Y el gusano roerá tu piel como un remordimiento.

XXXIV

El gato

Ven, hermoso gato mío, sobre mi pecho amoroso,
        contén las garras de tu pata,
y deja que me hunda en tus ojos espléndidos
        entreverados de metal y de ágata.

Cuando mis dedos acarician sin prisa
        tu cabeza y tu lomo elástico,
y mi mano se embelesa con el placer
        de palpar tu cuerpo eléctrico,

veo en mi mente a mi amada. Su mirada,
        como la tuya, amable bestia,
profunda y fría, hiende y penetra como un dardo,

        y, de los pies a la cabeza,
un fluido sutil, un peligroso aroma,
        flota alrededor de su cuerpo moreno.

XXXV

Duellum

Dos guerreros se han arrojado el uno contra el otro; sus armas
han salpicado el aire de sangre y de destellos.
Esos lances, esos chasquidos del hierro son el estrépito
de una juventud víctima del amor plañidero.

¡Las espadas se han roto! ¡Como nuestra juventud,
amada mía! Pero los dientes, las uñas aceradas,
pronto vengan al sable y a la daga traidora.
¡Oh furia de los corazones maduros, ulcerados por el amor!

En el barranco que rondan leopardos y panteras
nuestros héroes, enlazados con saña, han caído,
y su piel pondrá flores a las áridas zarzas.

— ¡Esta sima es el infierno, poblado de amigos nuestros!
¡Rodemos hasta el fondo sin un remordimiento, amazona
                                                    [inhumana,
para que sea eterno el ardor de nuestro odio!

XXXVI

El balcón

¡Madre de los recuerdos, maestra de las queridas!
¡Oh tú, mis placeres todos!, ¡la única a quien me debo!
Habrás de recordar la belleza de las caricias,
la dulzura del hogar y el embrujo de las noches,
¡madre de los recuerdos, maestra de las queridas!

Las noches iluminadas con el fulgor del carbón,
y las noches ante el balcón, veladas por vapores rosáceos.
¡Qué suave para mí era tu pecho!, ¡qué bueno conmigo tu
[corazón!
Muchas veces dijimos cosas imperecederas
en noches iluminadas con el fulgor del carbón.

¡Qué hermosos son los astros en las tibias veladas!
¡Qué profundo el espacio!, ¡qué poderoso el corazón!
Al inclinarme hacia ti, reina de las adoradas,
me parecía respirar el perfume de tu sangre.
¡Qué hermosos son los astros en las tibias veladas!

La noche se adensaba igual que una barrera,
y en lo oscuro mis ojos adivinaban tus pupilas,
y yo bebía tu aliento, ¡oh dulzura!, ¡oh veneno!,
y tus pies se adormecían en mis manos fraternas.
La noche se adensaba igual que una barrera.

Conozco el arte de evocar los momentos felices,
y revivo mi pasado acurrucado en tus rodillas.
Pues ¿para qué buscar tus lánguidas bellezas
si no es en tu querido cuerpo y en tu suave corazón?
¡Conozco el arte de evocar los momentos felices!

Estos juramentos, estos aromas, estos besos infinitos,
¿renacerán de un abismo insondable para nosotros,
como ascienden al cielo los astros rejuvenecidos
tras haberse lavado en el fondo de los mares profundos?
— ¡Oh juramentos!, ¡oh aromas!, ¡oh besos infinitos!

XXXVII

El poseso

El sol se ha cubierto con un crespón. Como él,
¡oh Luna de mi vida!, arrópate con sombra;
duerme o fuma a tu gusto; sé muda, sé sombría,
y sumérgete entera en la sima del Hastío.

¡Yo te amo así! Sin embargo, si hoy quieres,
como un astro eclipsado que deja la penumbra,
pavonearte en lugares repletos de Locura,
¡bien está! ¡Puñal precioso, brota de tu estuche!

¡Enciende tu pupila con la llama de las lámparas!
¡Enciende el deseo en la mirada de la gente vulgar!
Todo en ti me da placer, mórbido o petulante;

sé lo que quieras, noche negra, aurora roja;
no hay una sola fibra de mi trémulo cuerpo
que no grite: *¡Oh, querido Belcebú, yo te adoro!*

XXXVIII

Un fantasma

I

Las tinieblas

En los sótanos de insondable tristeza
donde el Destino me ha relegado ya;
donde nunca entra un rayo de luz rosada y alegre;
donde, a solas con la Noche, esa huraña anfitriona,

soy como un pintor al que un Dios burlón
condena a pintar, ay, sobre las tinieblas;
donde, como un cocinero de apetitos fúnebres,
hiervo mi corazón y me lo como,

por momentos brilla, se agranda y aparece
un espectro gracioso y esplendente.
Por su oriental aspecto soñador,

cuando ha alcanzado toda su envergadura,
reconozco a mi bella visitante:
¡es Ella!, negra y, aun así, luminosa.

II

El perfume

Lector, ¿alguna vez has respirado
con embriaguez y con tranquila glotonería
ese grano de incienso que llena toda una iglesia,
o un saquito de almizcle bien añejo?

¡Encanto profundo, mágico, con el que nos embriaga
en el presente el pasado restablecido!
Así el amante sobre un cuerpo adorado
coge la flor exquisita del recuerdo.

De sus cabellos flexibles y espesos,
vivo saquito, incensario de alcoba,
subía un olor salvaje y montaraz,

y de sus ropas, muselina o terciopelo,
por completo impregnadas de su juventud pura,
se desprendía un perfume de pieles.

III

El marco

Como un hermoso marco añade a la pintura,
aunque sea de un autor muy encumbrado,
un no sé qué de extraño y de encantado
al aislarla de la naturaleza inmensa,

así joyas, metales, muebles y dorados
se adaptaban en todo a su rara belleza,

nada empañaba su claridad perfecta,
y era como si todo le sirviera de orla.

Incluso parecía a veces que pensaba
que todo quería amarla; ahogaba
su desnudez voluptuosamente

en los besos del raso y de la ropa íntima,
y, lenta o brusca, en cada movimiento
mostraba la infantil gracia del mono.

IV

El retrato

La Enfermedad y la Muerte transforman en cenizas
todo el fuego que resplandeció para nosotros.
De esos grandes ojos tan fervientes y tiernos,
de esa boca donde mi corazón se ahogó,

de esos besos poderosos como un bálsamo,
de esos arrebatos más vivos que los rayos del sol,
¿qué queda? ¡Es horrible, oh alma mía!
Solo un dibujo muy pálido, al pastel,

que, como yo, muere en la soledad,
y que el Tiempo, ese anciano insultante,
cada día restriega con su áspera ala...

¡Negro asesino de la Vida y del Arte,
no matarás jamás en mi memoria
a la que fue mi placer y mi gloria!

XXXIX

A ti entrego estos versos para que si mi nombre
aborda felizmente en tiempos aún lejanos,
y una noche hace pensar a las seseras humanas,
como navío arribado gracias a un fuerte aquilón,

la memoria de ti, parecida a las fábulas borrosas,
importune al lector igual que un tímpano,
y por un fraternal y místico eslabón
quede como colgada de mis rimas altivas;

¡ser maldito a quien, desde el abismo profundo
hasta el cielo más alto, nada, excepto yo, atiende!,
— ¡Oh tú que, como una sombra cuya huella es efímera,

oprimes con pie airoso y mirada serena
a los necios mortales que te han juzgado amarga,
estatua de ojos de azabache, ángel magnífico con frente de
                                                    [bronce!

XL

Semper eadem[15]

«¿De dónde te viene, me decías, esa tristeza extraña,
que crece como el mar sobre la roca negra y lisa?»
— Cuando nuestro corazón ha vendimiado ya una vez,
vivir es una desgracia. Es un secreto conocido por todos,

un dolor muy simple y nada misterioso,
y, como tu alegría, para todos notorio.
¡Deja, pues, de buscar, oh mi bella curiosa!,
¡y aunque tu voz sea dulce, calla!

¡Calla, ignorante!, ¡alma siempre embelesada!,
¡boca de risa niña! Más aún que la Vida,
muchas veces la Muerte nos sujeta con lazos sutiles.

¡Deja, deja que mi corazón se embriague con una *mentira*,
que se hunda en tus ojos bellos como en un hermoso sueño
y dormite a sus anchas a la sombra de tus pestañas!

---

[15] En latín: «Siempre la misma.»

XLI

Ella toda

El Demonio, en mi desván,
me vino a ver esta mañana,
e, intentando cogerme en falta,
me dijo: «Quisiera yo saber,

entre todos los hermosos detalles
de los que está formado su hechizo,
entre los motivos negros o rosados
que componen su cuerpo encantador,

¿cuál es el más adorable?». —Oh alma mía,
tú respondiste al Aborrecido:
«Como todo en Ella es elixir,
nada puede ser destacado.

Cuando todo me cautiva, ignoro
si algo en concreto me seduce.
Ella deslumbra como la Aurora
y consuela como la Noche;

y es demasiado exquisita la armonía
a que obedece su hermoso cuerpo,
para que el análisis impotente
descifre sus profusos acordes.

¡Oh metamorfosis mística
de todos mis sentidos confundidos en uno!
¡Su aliento hace la música,
igual que su voz hace el perfume!».

XLII

¿Qué dirás esta noche, pobre alma solitaria,
qué dirás tú, corazón mío, mustio corazón de antaño,
a la muy bella, a la muy bondadosa, a la muy querida,
cuya mirada divina de repente te ha hecho de nuevo florecer?

— Pondremos nuestro orgullo a cantar sus alabanzas:
nada iguala la dulzura de su soberanía;
su carne espiritual tiene el aroma de los Ángeles,
y su mirada nos reviste con un hábito de claridad.

Sea en la noche y en plena soledad,
o sea por la calle y entre la multitud,
su fantasma en el aire baila como una antorcha.

A veces habla y dice: «Soy hermosa, y ordeno
que por amor a mí no améis más que lo Bello;
soy el Ángel guardián, la Musa y la Madona».

XLIII

La antorcha viviente

Avanzan ante mí, esos Ojos henchidos de luces
que un Ángel sapientísimo ha imantado sin duda;
avanzan, esos hermanos divinos que son mis hermanos,
agitando en mis ojos sus fuegos diamantinos.

Protegiéndome de cualquier trampa y de cualquier pecado
[grave,
guían mis pasos por el camino de lo Bello;
ellos son mis sirvientes y yo soy su esclavo;
mi ser todo obedece a esa antorcha viviente.

Encantadores Ojos, resplandecéis con la claridad mística
que conservan los cirios en pleno día encendidos: el sol
enrojece pero no apaga su fantástica llama;

ellos solemnizan la Muerte, vosotros cantáis el Despertar;
avanzáis cantando el despertar de mi alma,
astros cuya llama ningún sol puede deslucir.

XLIV

Reversibilidad

Ángel lleno de júbilo, ¿conoces la angustia,
la vergüenza, los remordimientos, los sollozos, las inquietudes
y los vagos terrores de esas horribles noches
que oprimen el corazón como se estruja un papel?
Ángel lleno de júbilo, ¿conoces la angustia?

Ángel lleno de bondad, ¿conoces el odio,
los puños crispados a escondidas y las lágrimas de hiel,
cuando la Venganza toca a rebato infernal
y se erige en capitán de nuestras facultades?
Ángel lleno de bondad, ¿conoces el odio?

Ángel de salud lleno, ¿conoces las Fiebres
que, junto a los grandes muros del macilento hospicio,
como exiliadas, van con paso renqueante
buscando el sol escaso y mascullando entre dientes?
Ángel de salud lleno, ¿conoces las Fiebres?

Ángel lleno de belleza, ¿conoces las arrugas,
y el miedo a envejecer, y ese repelente tormento
de leer el secreto horror de la abnegación
en los ojos donde tanto tiempo bebieron nuestros ávidos ojos?
Ángel lleno de belleza, ¿conoces las arrugas?

Ángel lleno de dicha, de alegría y de resplandor,
David moribundo habría pedido la salud
a los efluvios de tu cuerpo encantado;
pero yo de ti imploro, ángel, tan solo tus plegarias,
¡Ángel lleno de dicha, de alegría y de resplandor!

XLV

Confesión

Una vez, una sola, mujer dulce y amable,
        en mi brazo tu brazo terso
se apoyó (sobre el fondo tenebroso de mi alma
        este recuerdo no se ha empañado);

era tarde; lo mismo que una medalla nueva,
        la luna llena se exponía,
y la solemnidad de la noche, igual que un río,
        sobre París dormido rutilaba.

Y a lo largo de las casas, bajo las puertas cocheras,
        los gatos pasaban furtivamente,
con la oreja al acecho, o también, como sombras amigas,
        lentamente nos acompañaban.

De pronto, en medio de la intimidad libre
        surgida con la pálida claridad,
de ti, rico y sonoro instrumento en el que vibra
        tan solo la radiante alegría,

de ti, clara y gozosa igual que una banda de música
        en la mañana resplandeciente,
una nota quejumbrosa, una insólita nota
        se escapó vacilante

como una niña endeble, horrible, oscura, inmunda,
        de la que su familia se sonrojaría
y a la que habría encerrado durante mucho tiempo, para
                                [aislarla del mundo,
        en secreto en un sótano.

Tu nota, pobre ángel, cantaba desgarrada:
        «¡Qué inseguro es todo en este mundo,
cómo ocurre siempre que, aun disfrazado con esmero,
        el egoísmo humano se traiciona;

qué duro oficio es el de mujer hermosa,
        y qué trivial trabajo
el de la bailarina alocada y fría que desfallece
        en una sonrisa maquinal;

qué estúpido es construir sobre los corazones;
        cómo se desmorona todo, amor y belleza,
hasta que el Olvido los echa en su zurrón
        para llevarlos a la Eternidad!».

He evocado a menudo aquella luna mágica,
        aquel silencio y aquella languidez,
y aquella confidencia horrible musitada
        en el confesonario del corazón.

XLVI

El alba espiritual

Cuando en los libertinos el alba blanca y rojiza
se asocia al Ideal que los consume,
por obra de un misterio vengador
en el sopor del bruto se despierta un ángel.

El azul inaccesible de los Cielos Espirituales,
para el hombre abatido que aún así sueña y sufre,
se abre y se ahonda con la atracción del abismo.
Así, querida Diosa, lúcido y puro Ser,

sobre los restos humeantes de estúpidas orgías
tu recuerdo más claro, más rosado, más encantador,
ante mis ojos dilatados revuela sin cesar.

El sol ha ennegrecido la llama de las velas;
¡así, siempre triunfante, alma resplandeciente,
tu aparición es igual al sol que nunca muere!

XLVII

Armonía del atardecer

Ya viene el tiempo en que al vibrar en su tallo
toda flor se evapora igual que un incensario;
sonidos y perfumes giran en el aire del atardecer;
¡melancólico vals y desmayado vértigo!

Toda flor se evapora igual que un incensario;
el violín se estremece como un corazón que alguien aflige;
¡melancólico vals y desmayado vértigo!
El cielo está triste y hermoso como un altar mayor.

El violín se estremece como un corazón que alguien aflige,
¡un tierno corazón, que odia la nada vasta y negra!
El cielo está triste y hermoso como un altar mayor;
el sol se ahogó en su sangre coagulada.

¡Un tierno corazón, que odia la nada vasta y negra,
del pasado esplendente guarda cualquier vestigio!
El sol se ahogó en su sangre coagulada...
¡Tu recuerdo en mí brilla igual que una custodia!

XLVIII

El frasco

Hay perfumes intensos para los que cualquier materia
es porosa. Se diría que atraviesan el vidrio.
Al abrir una arquilla traída del Oriente
cuyo cierre chirría y se resiste a gritos,

o en una casa desierta algún armario
lleno del acre olor del tiempo, polvoriento y oscuro,
encontramos a veces un viejo frasco que contiene recuerdos,
del que brota vivaz un alma retornada.

Mil ideas dormían, funerarias crisálidas,
temblando dulcemente en las densas tinieblas,
que despliegan sus alas y se lanzan al vuelo,
teñidas de azul, escarchadas de rosa, barnizadas de oro.

Y de pronto el recuerdo embriagador revuela
en el aire turbado; los ojos se cierran; el Vértigo
atrapa el alma vencida y a dos manos la empuja
hacia una sima oscurecida por los miasmas humanos;

y la derriba al borde de un hondón secular,
donde, como Lázaro maloliente rasgando su sudario,
se remueve y despierta el espectral cadáver
de un viejo y rancio amor, encantador y sepulcral.

Así, cuando yo me haya perdido en la memoria
de los hombres, y en el rincón de un siniestro armario
me hayan metido, viejo frasco desconsolado,
decrépito, polvoriento, sucio, abyecto, rajado y viscoso,

¡yo seré tu ataúd, amable fetidez!,
¡el testigo de tu fuerza y de tu virulencia,
querido veneno preparado por los ángeles!, ¡licor
que me corroe, oh vida y muerte de mi corazón!

XLIX

El veneno

El vino sabe revestir el tugurio más sórdido
        con un lujo milagroso,
y hace surgir más de un pórtico de fábula
        en el oro de su vapor rojo,
como un sol que se pone en un cielo nublado.

El opio agranda lo que no tiene contornos,
        prolonga lo ilimitado,
añade hondura al tiempo, excava en el deleite,
        y con placeres lúgubres y oscuros
colma el alma más allá de su capacidad.

Nada de eso es comparable al veneno que fluye
        de tus ojos, de tus verdes ojos,
lagos donde mi alma tiembla y se ve del revés...
        Mis sueños acuden en tumulto
para apagar su sed en esas hondonadas amargas.

¡Nada de eso es comparable al terrible prodigio
        de tu saliva que muerde,
que sumerge en el olvido mi alma sin remordimientos,
        y, mofándose del vértigo,
la hace rodar desmayada hasta las orillas de la muerte!

L

Cielo nublado

Se diría cubierta de vapor tu mirada;
tu ojo misterioso (¿es azul, gris o verde?)
que a capricho se muestra tierno, cruel, soñador,
refleja la indolencia y la palidez del cielo.

Recuerdas a esos días blancos, velados, tibios,
que hacen fundirse en llanto a los corazones embrujados,
cuando, agitados por un mal desconocido que los retuerce,
los nervios insomnes se burlan del espíritu adormecido.

Te asemejas a veces a esos hermosos horizontes
que iluminan los soles de estaciones brumosas...
¡Oh cómo resplandeces, paisaje humedecido
inflamado por los rayos que descienden de un cielo nublado!

¡Oh mujer peligrosa, oh climas engañosos!
¿Adoraré también tu nieve y vuestras escarchas,
y sabré yo sacar del implacable invierno
placeres más punzantes que el hielo y el hierro?

LI

El gato

I

En mi cabeza se pasea,
como en su propio aposento,
un bello gato fuerte, suave y encantador.
Cuando maúlla, apenas se le oye,

de tan tierno y discreto que es su timbre;
pero su voz, ya se apacigüe o gruña,
es siempre rica y profunda.
Ahí está su atractivo y su secreto.

Esta voz, que gotea y se filtra
en mi interior más tenebroso,
me invade como un verso cadencioso
y me refocila como un bebedizo.

Ella adormece los dolores más crueles
y contiene todos los éxtasis;
para decir las frases más largas
no necesita palabras.

No, no hay arco que rasque
mi corazón, instrumento perfecto,
y que haga con más majestad
cantar su cuerda más vibrante,

que tu voz, gato misterioso,
gato seráfico, gato extraño,
en quien todo, como en un ángel,
es tan sutil como armonioso.

II

De su pelaje rubio y moreno
sale un perfume tan suave, que una noche
me impregné de él porque una vez
lo acaricié, solo una.

Es el espíritu familiar de la casa;
él juzga, él preside, él inspira
cualquier cosa en sus dominios;
¿es quizá un hada, es un dios?

Cuando mis ojos, hacia ese gato que amo
atraídos como por un imán,
se vuelven dócilmente
y miro entonces en mí mismo,

veo con sorpresa
el fuego de sus pupilas pálidas,
claros fanales, vivientes ópalos,
que me contemplan fijamente.

LII

El hermoso navío

Te voy a contar, ¡oh mórbida hechicera!,
las muchas excelencias que engalanan tu juventud;
        quiero pintar para ti tu hermosura,
donde la infancia se confabula con la madurez.

Cuando pasas barriendo el aire con tu falda amplia,
haces el efecto de un hermoso navío que se adentra en el mar
        a toda vela y se balancea
marcando un ritmo dulce y perezoso y lento.

Sobre tu cuello ancho y redondo, sobre tus hombros carnosos,
se pavonea tu cabeza con un gracejo extraño;
        con ademanes plácidos y triunfales
sigues tu camino, criatura majestuosa.

Te voy a contar, ¡oh mórbida hechicera!,
las muchas excelencias que engalanan tu juventud;
        quiero pintar para ti tu hermosura,
donde la infancia se confabula con la madurez.

Tu pecho que avanza y empuja el moaré,
tu pecho triunfal es un precioso armario
        cuyos paneles combados y claros
como escudos atraen los relámpagos;

¡escudos provocadores, armados de puntas rosadas!,
¡armario de suaves secretos, lleno de todo lo bueno,
      de vinos, de perfumes, de licores
que harían delirar a los cerebros y a los corazones!

Cuando pasas barriendo el aire con tu falda amplia,
haces el efecto de un navío que se adentra en el mar
      a toda vela y se balancea
marcando un ritmo dulce y perezoso y lento.

Tus nobles piernas, bajo los volantes que apartan a su paso,
atormentan los deseos oscuros y los excitan
      como dos brujas que remueven
un bebedizo negro en un cuenco profundo.

Tus brazos, que se burlarían de los precoces hércules,
son poderosos émulos de las boas brillantes,
      hechos para apretar obstinadamente
a tu amante, como para imprimirlo en tu corazón.

Sobre tu cuello ancho y redondo, sobre tus hombros carnosos,
se panovea tu cabeza con un gracejo extraño;
      y con semblante plácido y triunfal
sigues tu camino, criatura majestuosa.

LIII

La invitación al viaje

¡Mi chiquilla, mi hermana,
imagina la dulzura
de ir allá lejos a vivir juntos!
¡Amarnos sin trabas,
amar y morir
en la tierra que se parece a ti!
Los húmedos soles
de esos cielos velados
tienen para mi espíritu el encanto
tan misterioso
de tus traidores ojos
brillando a través de sus lágrimas.

Allí solo hay orden y belleza,
lujo, calma y voluptuosidad.

Muebles relucientes
pulidos por los años
embellecerían nuestra habitación;
las más raras flores
mezclando sus aromas
a los vagos olores del ámbar,
los enjoyados techos,
los espejos profundos,

el esplendor oriental,
        todo allí hablaría
        en secreto al alma
en su suave lengua natal.

Allí solo hay orden y belleza,
lujo, calma y voluptuosidad.

        Mira en esos canales
        cómo duermen los barcos
de temperamento vagabundo;
        solo para saciar
        tu más mínimo deseo
vienen del fin del mundo.
        — Los soles que se ocultan
        revisten los campos,
los canales, toda la ciudad,
        de jacinto y oro;
        se adormece el mundo
en una luz cálida.

Allí solo hay orden y belleza,
lujo, calma y voluptuosidad.

LIV

Lo irreparable

¿Podemos sofocar el viejo, el largo Remordimiento
      que vive, se agita y se retuerce,
y se alimenta de nosotros como el gusano de los muertos,
      como la oruga del roble?
¿Podemos sofocar el implacable Remordimiento?

¿En qué bebedizo, en qué vino, en qué infusión
      ahogaremos a este antiguo enemigo,
destructor y goloso como la cortesana,
      paciente como la hormiga?
¿En qué bebedizo? —¿en qué vino?— ¿en qué infusión?

Dilo, hermosa hechicera, ¡oh! di, si es que lo sabes,
      a este espíritu repleto de angustia
y parecido al moribundo que aplastan los heridos,
      que magulla el casco del caballo,
dilo, hermosa hechicera, ¡oh! di, si es que lo sabes,

¡a este agonizante al que el lobo ya husmea
      y al que el cuervo vigila,
a este soldado hecho trizas!, si ha de desesperar
      de tener una tumba y una cruz;
¡este pobre agonizante que el lobo ya husmea!

¿Se puede iluminar un cielo negro y cenagoso?
        ¿Se pueden disipar las tinieblas
más densas que la pez, sin mañana y sin noche,
        sin astros, sin resplandores fúnebres?
¿Se puede iluminar un cielo negro y cenagoso?

¡La Esperanza que brilla en las ventanas del Albergue
        está apagada, está muerta para siempre!
¡Ir sin luna y sin destellos a encontrar cobijo
        para los mártires de un camino intransitable!
¡El Diablo ha apagado del todo las ventanas del Albergue!

Adorable hechicera, ¿amas a los condenados?
        di, ¿conoces lo imperdonable?
¿Conoces el Remordimiento, de dardos envenenados,
        al que sirve de blanco nuestro corazón?
Adorable hechicera, ¿amas a los condenados?

Lo Irreparable roe con su diente maldito
        nuestra alma, mausoleo deplorable,
y a menudo, como las termitas, acomete
        contra el edificio por los cimientos.
¡Lo irreparable roe con su diente maldito!

— He visto a veces, al fondo de un teatro vulgar
        enardecido por la orquesta estruendosa,
cómo un hada encendía en un cielo infernal
        una aurora milagrosa;
he visto a veces al fondo de un teatro vulgar

un ser que, no siendo más que luz, oro y gasa,
        derribaba al enorme Satán;
¡pero mi corazón, nunca visitado por el éxtasis,
        es un teatro donde se espera
siempre, siempre en vano, al Ser de alas de gasa!

LV

Charla

¡Eres un cielo hermoso de otoño, claro y rosado!
Pero en mí la tristeza crece como la mar
y deja, con el reflujo, en mi labio sombrío
el recuerdo punzante de su légamo amargo.

— Tu mano se desliza en balde por mi atónito pecho;
el lugar que explora está saqueado, amiga mía,
por la garra y el diente feroz de la mujer.
No busques más mi corazón; se lo han comido las fieras.

Mi corazón es un palacio ultrajado por la chusma;
¡en él se embriagan, matan, se agarran por los pelos!
—¡Un aroma flota en torno a tu busto desnudo!...

¡Oh Belleza, severo azote de las almas, tú lo quieres!
¡Con tus ojos de fuego, brillantes como días de fiesta,
calcina estos jirones que han sobrado a las fieras!

LVI

Canto de otoño

I

Pronto nos hundiremos en las frías tinieblas;
¡adiós, claridad viva de nuestros veranos tan cortos!
Ya oigo cómo cae con golpes fúnebres
la leña resonante en el empedrado de los patios.

El invierno entero va a penetrar en mi ser: cólera,
odio, escalofrío, horror, trabajo duro y forzado,
y, lo mismo que el sol en su infierno polar,
mi corazón será ya solo un rojo bloque helado.

Escucho estremecido cada leño que cae;
el cadalso al erigirse no tiene eco más sordo.
Mi espíritu es igual que la torre que sucumbe
a los golpes del ariete infatigable y sólido.

Me parece, arrullado por ese golpe monótono,
que a toda prisa clavan en algún sitio un féretro.
¿Para quién? — ¡Ayer era verano; aquí está ya el otoño!
Ese ruido misterioso suena como una despedida.

II

Me gusta la luz verdosa de tus ojos rasgados,
dulce belleza, pero hoy todo es amargo para mí,
y nada, ni tu amor, ni tu reservado, ni la chimenea,
me compensan del sol radiante sobre el mar.

Y sin embargo, quiéreme, ¡corazón tierno!, sé madre,
hasta para un ingrato, hasta para un malvado;
amante o hermana, sé la dulzura efímera
de un otoño glorioso o de un sol al ocaso.

¡Breve afán! La tumba espera; ¡es codiciosa!
¡Ah, deja que, apoyando mi frente en tus rodillas,
saboree, añorando el verano blanco y tórrido,
el sol suave y amarillo de la estación tardía!

LVII

A una madona

Exvoto al gusto español

Quiero erigir para ti, Madona, amante mía,
un altar subterráneo al fondo de mi desamparo,
y horadar en el rincón más negro de mi corazón,
lejos del deseo mundanal y de la mirada burlona,
una hornacina, esmaltada de oro y de azul,
donde tú te erguirás, maravillada Estatua.
Con mis Versos bruñidos, malla de metal puro
sabiamente cuajada de rimas de cristal,
haré para tu cabeza una inmensa Corona;
y con mis Celos, oh Madona letal,
sabré confeccionarte un Manto, de manera
bárbara, tosca y rígida, y forrado de recelo,
que, como una garita, encerrará tus encantos;
¡bordado no con Perlas, sino con todas mis Lágrimas!
Tu Vestido será mi Deseo, estremecido,
oscilante, mi Deseo que crece y que desciende,
en las cimas se mece, en los valles descansa,
y reviste con un beso todo tu cuerpo blanco y rosa.
Te haré con mi Respeto unos lindos Zapatos
de raso, humillados por tus divinos pies,
que, por encarcelarlos en un abrazo blando,
guardarán su huella igual que un molde fiel.
Si, pese a todo mi arte diligente, no puedo

labrarte por Escabel una Luna de plata,
situaré a la Serpiente que me roe las entrañas
bajo tus talones, para que pisotees y ridiculices,
Reina victoriosa y fecunda en redenciones,
a ese monstruo infatuado de odio y salivazos.
Verás que mis Pensamientos, en hileras como los Cirios
ante el altar florido de la Reina de las Vírgenes,
constelando de reflejos el techo pintado de azul,
te miran siempre con unos ojos de fuego;
y como todo en mí se enternece contigo y te admira,
todo se hará Benjuí, Incienso, Mirra, Olíbano,
y hacia ti sin cesar, cumbre blanca y nevada,
ascenderá en Vapores mi atormentado Espíritu.

Por último, para completar tu papel de María,
y para mezclar el amor con la barbarie,
¡voluptuosidad negra!, con los siete Pecados capitales,
verdugo repleto de remordimientos, haré siete Puñales
muy afilados y, como un malabarista impasible,
señalando por blanco lo más profundo de tu amor,
los clavaré uno a uno en tu Corazón mientras jadea,
en tu Corazón mientras solloza, en tu Corazón chorreante.

LVIII

Canción de siesta

Aunque tus cejas malignas
te dan un aspecto extraño
nada propio de un ángel,
bruja de ojos que engolosinan,

te adoro, ¡oh frívola mía,
mi terrible pasión!,
con la devoción
de un sacerdote por su ídolo.

El desierto y el bosque
sahúman tus trenzas ásperas,
tu cabeza tiene los ademanes
del enigma y del secreto.

Por tu carne merodea el perfume
como alrededor de un incensario;
embrujas como la noche,
ninfa tenebrosa y cálida.

¡Ah!, los bebedizos más fuertes
no pueden compararse a tu desidia,
y sabes hacer la caricia
que resucita a los muertos.

Tus caderas están enamoradas
de tu espalda y de tus pechos,
y cautivas a los cojines
con tus lánguidas posturas.

A veces, para aplacar
tu rabia misteriosa,
derrochas en mí, muy seria,
los mordiscos y los besos;

me desgarras, morena mía,
con una risa burlona,
y enseguida pones sobre mi corazón
tu mirada suave como la luna.

Bajo tus zapatos de raso,
bajo tus lindos pies de seda,
yo coloco mi mayor alegría,
mi genio y mi destino,

mi alma sanada por ti,
¡por ti, luz y colorido!,
¡explosión de calor
en mi negra Siberia!

LIX

Sisina

Imaginad a Diana con séquito de gala,
recorriendo los bosques o atravesando breñas,
al viento cabellera y pecho, embriagándose de escándalo,
¡soberbia y desafiadora de los mejores jinetes!

¿Habéis visto a Théroigne[16], apasionada por la masacre,
empujando al asalto a una multitud desharrapada,
encendida de pómulos y ojos, muy en su papel,
y ascendiendo, sable en mano, las escaleras reales?

¡Pues así es Sisina[17]! Pero la tierna guerrera
tiene el alma tan caritativa como mortífera;
su valor, excitado por la pólvora y los tambores,

sabe deponer las armas ante los que suplican,
y su corazón, devastado por las llamas, tiene siempre,
para quien se muestra digno, una reserva de lágrimas.

---

[16]   Théroigne de Mericourt, heroína popular de la Revolución Francesa.
[17]   Elisa Neri, amiga de Madame Sabatier y, como ella, quizá amante efímera del poeta.

LX

Franciscae meae laudes[18]

Nobis te cantabo chordis,
o novelletum quod ludis
in solitudine cordis.

Esto sertis implicata,
o femina delicata
per quam solvuntur peccata!

Sicut beneficum Lethe,
hauriam oscula de te,
quae imbuta es magnete.

Quum vitiorum tempestas
turbabat omnes semitas,
apparuisti, Deitas,

[18] Baudelaire escribió y publicó en latín esta parodia de poema litúrgico que traduzco de la versión francesa de Jules Mouquet ofrecida por Pichois (pág. 940). En la primera edición de *LFM*, el autor incluyó el subtítulo: «Versos compuestos para una sombrerera erudita y devota».
   Loores a mi Francisca: Te cantaré con cuerdas nuevas, / oh nena mía que bromeas / en la soledad de mi corazón. // Que te adornen de guirnaldas, /¡oh mujer deliciosa / por quien nos llega la remisión de los pecados! // Como de un Leteo bienhechor, / aspiraré besos de ti / que estás impregnada de imán. // Cuando la tormenta de los vicios / confundía todos los caminos, / te apareciste a mí, Deidad, // como una estrella salvífica / en los naufragios amargos.../ ¡Colgaré mi corazón de tus altares! //Cisterna llena de virtud, / fuente de eterna juventud, / ¡devuelve la voz a mis labios mudos! // Lo que era vil, tú lo has quemado; / desigual, lo has allanado, / débil, lo has consoli-

velut stella salutaris
in naufragiis amaris...
Suspendam cor tuis aris!

Piscina plena virtutis,
fons aeternae juventutis,
labris vocem redde mutis!

Quod erat spurcum, cremasti;
quod rudius, exaequasti;
quod debile, confirmasti.

In fame mea taberna,
in nocte mea lucerna,
recte me semper guberna.

Adde nunc vires viribus,
dulce balneum suavibus
unguentatum odoribus!

Meos circa lumbos mica,
o castitatis lorica,
aqua tincta seraphica;

patera gemmis corusca,
panis salsus, mollis esca,
divinum vinum, Francisca!

LXI

A una señora criolla

En el país perfumado que el sol acaricia,
he conocido, bajo un dosel de árboles embebidos en púrpura
y de palmeras desde las que llueve pereza sobre los ojos,
a una señora criolla de incógnitos encantos.

Su tez es pálida y ardiente; la morena hechicera
con su cuello hace gestos noblemente amanerados;
alta y esbelta al caminar como una cazadora,
su sonrisa es tranquila y sus ojos resueltos.

Si fuerais, señora, a la auténtica tierra gloriosa,
a las orillas del Sena o del Loira verde,
beldad digna de ser gala de antiguas casonas,

haríais germinar, al abrigo de umbríos reservados,
mil sonetos en los corazones de los poetas
a quienes vuestros grandes ojos someterían más que a vuestros
                                                    [negros.

LXII

Moesta et errabunda[19]

Dime, Ágata, ¿a veces tu corazón se echa a volar,
lejos del negro océano de la ciudad inmunda,
hacia otro océano donde estalla el esplendor,
azul, claro, profundo, como la virginidad?
Dime, Ágata, ¿a veces tu corazón se echa a volar?

¡La mar, la vasta mar, alivia nuestros afanes!
¿Qué demonio ha dotado a la mar, cantante ronca,
acompañada por el órgano inmenso de los vientos rugientes,
de la función sublime de ser canción de cuna?
¡La mar, la vasta mar, alivia nuestros afanes!

¡Llévame, diligencia!, ¡ráptame, fragata!
¡Lejos, lejos!, ¡aquí el barro está amasado con nuestras lágrimas!
— ¿Es cierto que a veces el triste corazón de Ágata
dice: lejos de remordimientos, de dolores y crímenes,
llévame, diligencia, ráptame, fragata?

¡Qué lejos estás, paraíso perfumado,
donde bajo el azul celeste solo hay amor y alegría,
donde todo lo que se ama es digno de ser amado,
donde el deleite puro anega el corazón!
¡Qué lejos estás, paraíso perfumado!

---

[19] En latín: «Triste y errante.»

Pero el verde paraíso de los amores infantiles,
las carreras, las canciones, los besos, los ramilletes de flores,
los violines vibrando detrás de las colinas,
junto a jarros de vino, de noche, en los bosquecillos,
— pero el verde paraíso de los amores infantiles,

el paraíso inocente, lleno de placeres furtivos,
¿está más lejos ya que la India y la China?
¿Podemos evocarlo con gritos lastimeros,
y reanimarlo aún con una voz de plata,
el paraíso inocente lleno de placeres furtivos?

LXIII

El aparecido

Como los ángeles de ojos fieros,
yo volveré a tu alcoba
y me deslizaré hacia ti sin ruido
entre las sombras de la noche;

y te daré, morena mía,
besos fríos como la luna
y caricias de serpiente
que reptara en torno a una fosa.

Cuando llegue la mañana lívida,
encontrarás vacío mi lado,
donde hará frío hasta la noche.

Igual que otros por la ternura,
sobre tu vida y sobre tu juventud,
yo quiero reinar por el espanto.

LXIV

Soneto de otoño

Tus ojos, claros como el cristal, me dicen:
«Pero ¿cuál es mi mérito para ti, extraño amante?».
— ¡Sé encantadora y calla! Mi corazón, irritado por todo,
menos por el candor del animal primitivo,

no desea mostrarte su secreto infernal,
arrulladora cuya mano me invita a largos sueños,
ni su negra leyenda que está grabada a fuego.
¡Odio la pasión y me hace daño el entusiasmo!

Amémonos suavemente. El Amor en su garita,
tenebroso, emboscado, tensa su arco fatal.
Conozco la panoplia de su viejo arsenal:

¡Horror, locura y crimen! — ¡Oh margarita pálida!
¿No eres tú como yo un sol otoñal,
oh mi muy blanca, oh mi muy fría Margarita?

LXV

Tristezas de la luna

Esta noche la luna sueña con más indolencia;
como una mujer hermosa que, sobre abundantes cojines,
con mano distraída y ligera acaricia
antes de adormecerse el contorno de sus pechos,

sobre la espalda lustrosa de mórbidos aludes,
agónica, se entrega a los largos desmayos,
y pasea sus ojos sobre las visiones blancas
que suben hacia el cielo como brotan las flores.

Cuando, por languidez ociosa, sobre este globo a veces
ella deja que caiga una furtiva lágrima,
un poeta devoto, enemigo del sueño,

en el cuenco de su mano acoge esa lágrima pálida
de irisados reflejos como un trozo de ópalo,
y en su pecho la guarda a salvo de los ojos del sol.

LXVI

Los gatos

A los enamorados fervientes y a los sabios austeros
les gustan de igual modo, en sus años maduros,
los gatos corpulentos y suaves, orgullo de la casa,
que como ellos son frioleros y como ellos sedentarios.

Amigos de la ciencia y de la exquisitez,
buscan el silencio y el horror de las tinieblas;
el Erebo[20] los habría confundido con sus corceles fúnebres
si pudieran doblegar su orgullo al vasallaje.

Mientras piensan, adoptan las actitudes nobles
de las grandes esfinges recostadas en las remotas soledades,
que parecen dormirse en un sueño sin fin;

su fecunda grupa está llena de chispas mágicas,
y briznas de oro, en forma de fina arena,
constelan imprecisas sus místicas pupilas.

[20] Personificación de las tinieblas infernales, hijo del Caos y hermano de la Noche.

LXVII

Los búhos

Bajo los tejos negros que los cobijan,
los búhos permanecen bien ordenados,
igual que dioses desconocidos,
fulminando con su mirada roja. Meditan.

Se mantendrán así sin inmutarse
hasta la hora melancólica
en que, empujando al sol oblicuo,
se instalen las tinieblas.

Su actitud enseña al sabio
que en este mundo debe temer
el tumulto y el movimiento;

quien se prenda de una sombra que pasa
siempre arrastra el castigo
por haber querido cambiar de sitio.

LXVIII

La pipa

Soy la pipa de un autor;
se ve, al contemplar mis facciones
de abisinia o de cafre,
que mi dueño es un gran fumador.

Cuando él rebosa de dolor,
echo humo como el chamizo
donde se prepara un guiso
para el regreso del labrador.

Yo envuelvo y acuno su alma
en la red móvil y azul
que asciende de mi boca encendida,

y exhalo un potente elixir
que hechiza su corazón y restablece
su espíritu de sus fatigas.

LXIX

La música

¡Cuántas veces la música me atrapa como un mar!
   Hacia mi estrella pálida,
bajo un techo de bruma o en un ámbito enorme,
   yo me hago a la vela;

adelantando el pecho e hinchados los pulmones
   como la lona,
escalo la espalda de las olas agolpadas
   que la noche me oculta;

siento vibrar en mí todas las pasiones
   de un navío en peligro;
el viento favorable, la tempestad y sus sacudidas

   sobre el inmenso abismo
me acunan. Otras veces, calma chicha, ¡extenso espejo
   de mi desesperación!

LXX

La sepultura

Si una noche espesa y sombría
un buen cristiano, por caridad,
tras unos viejos escombros
entierra tu cuerpo tan celebrado,

a la hora en que las castas estrellas
cierran sus ojos vencidos por el sueño,
allí la araña tejerá sus telas
y la víbora parirá sus crías;

escucharás durante todo el año
sobre tu cabeza condenada
los aullidos quejumbrosos de los lobos

y de las brujas famélicas,
los retozos de los viejos lúbricos
y las conjuras de los negros rateros.

LXXI

Un grabado fantástico

Este curioso espectro lleva por único atavío,
grotescamente enhiesta sobre su calavera,
una diadema horrible con trazas de carnaval.
Sin espuelas, sin látigo, va reventando a un caballo,
fantasma como él, jamelgo apocalíptico,
que babea por los ollares como un epiléptico.

Cruzando el espacio se pierden los dos
y huellan el infinito con pezuña atrevida.
El jinete pasea su espada flamígera
sobre el gentío sin nombre que su montura muele,
y recorre, como un príncipe de inspección por su casa,
el cementerio inmenso y frío, sin horizonte,
donde yacen, a la luz de un sol blanco y sin brillo,
los pueblos de la historia antigua y la moderna.

LXXII

El muerto jubiloso

En una tierra esponjosa y plagada de caracoles
quiero cavar yo mismo una fosa profunda,
donde a mis anchas pueda esparcir mis viejos huesos
y dormir en el olvido como un tiburón sobre las olas.

Odio los testamentos y odio las sepulturas;
antes que suplicar una lágrima a nadie,
preferiría, en vida, invitar a los cuervos
para que rebañaran cada trozo de mi esqueleto inmundo.

¡Oh gusanos!, ¡negros camaradas sin oído y sin ojos,
ved cómo se os acerca un muerto libre y gozoso;
filósofos vividores, hijos de la podredumbre,

venga, avanzad sin reparos por toda mi ruina,
y decidme si aún queda alguna tortura
para este viejo cuerpo sin alma y muerto entre los muertos!

LXXIII

El tonel del odio

El Odio es el tonel de las pálidas Danaides[21];
la Venganza demente de rojos brazos fuertes
inútilmente arroja en las tinieblas vacías
grandes cubos de sangre y lágrimas de muertos,

pues en esos abismos el Demonio hace agujeros secretos
por donde huirían mil años de sudores y esfuerzos,
aun cuando ella pudiera reanimar a sus víctimas,
y resucitar sus cuerpos para exprimirlos.

El Odio es un borracho en el rincón de una taberna,
que siente siempre cómo la sed renace del licor
y se multiplica igual que la hidra de Lerna[22].

— Pero los bebedores felices conocen a quien los vence,
y el Odio está abocado al destino lamentable
de no poderse nunca dormir bajo la mesa.

[21] Las hijas de Danaos estaban condenadas a llenar sin descanso un tonel agujereado.
[22] Serpiente de siete cabezas a la que le nacían más cuando se le cortaba alguna.

LXXIV

La campana cascada

Resulta amargo y dulce, en las noches de invierno,
escuchar, junto a un fuego que palpita y humea,
cómo despiertan lentos los recuerdos lejanos
al son de carillones que cantan en la bruma.

¡Dichosa la campana de enérgica garganta
que, pese a su vejez, alerta y saludable,
lanza fielmente su grito religioso,
como un viejo soldado que vela bajo la tienda!

En cuanto a mí, mi alma está cascada, y cuando, abatida,
quiere poblar con sus cantos el aire frío de las noches,
a menudo sucede que su voz debilitada

parece el estertor soez de un herido olvidado
junto a un lago de sangre, bajo un gran montón de muertos,
y que inmóvil se muere entre ansias inmensas.

LXXV

Spleen

Pluvioso[23], irritado contra la ciudad entera,
desde su crátera vierte a grandes oleadas un frío tenebroso
sobre los pálidos habitantes del cementerio próximo
y la mortandad sobre los arrabales oscuros.

Mi gato por el suelo en busca de yacija
remueve sin descanso su cuerpo flaco y sarnoso;
el alma de un viejo poeta va errante por el canalón
con la voz triste de un fantasma friolero.

El bordón se lamenta y el leño envuelto en humo
acompaña en falsete al reloj de péndulo acatarrado,
mientras que en mi baraja impregnada de sucios perfumes,

herencia fatal de una vieja hidrópica,
la bella sota de corazones y la dama de picas
charlan siniestramente de sus amores muertos.

---

[23] Quinto mes (segundo de invierno) del calendario revolucionario francés.

LXXVI

Spleen

Tengo más recuerdos que si tuviera mil años.

Un gran mueble con cajones lleno de inventarios,
de versos, de mensajes de amor, de sumarios, de romanzas,
con espesos cabellos envueltos en facturas,
esconde menos secretos que mi triste cerebro.
Es una pirámide, un inmenso panteón
que contiene más cadáveres que la fosa común.
— Soy un cementerio aborrecido por la luna,
donde se arrastran, como remordimientos, largos gusanos
que se ensañan siempre en mis muertos más queridos.
Soy camerino antiguo lleno de rosas mustias,
donde yace un gran revoltijo de modas anticuadas,
donde los lastimeros dibujos al pastel y los pálidos Boucher,
solo ellos, respiran el olor de un frasco destapado.

Nada se hace tan largo como los días torcidos,
cuando bajo los densos copos de los años de nieves
el hastío, fruto de la tétrica indiferencia,
toma las proporciones de la inmortalidad.
— ¡Ya no eres, oh materia viva,
más que un trozo de granito rodeado por un confuso espanto,
adormecido en medio de un Sáhara brumoso;
una vieja esfinge ignorada por el mundo indiferente,
olvidada en el mapa, y cuyo temple salvaje
canta solo ante los rayos del sol poniente.

LXXVII

Spleen

Soy como el rey de un país lluvioso,
rico pero impotente, joven y aun así muy viejo,
que, despreciando las reverencias de sus preceptores,
se aburre con sus perros y con cualquier otro animal.
Nada puede alegrarlo, ni halcón, ni cacería,
ni su pueblo que muere ante su balcón.
La grotesca balada del bufón favorito
no relaja la frente de este enfermo cruel;
su lecho adornado con flores de lis se transforma en sepulcro,
y las damas de la corte, para quienes cualquier príncipe es bello,
no saben ya qué impúdico atuendo inventarse
para arrancar una sonrisa de este joven esqueleto.
El sabio que le fabrica oro nunca ha podido
extirpar de su ser la parte corrompida,
y con esos baños de sangre que nos vienen de los romanos,
y a los que los poderosos recurren en sus últimos días,
no ha sabido reanimar a este cadáver alelado
por el que, en vez de sangre, fluye el agua verde del Leteo.

LXXVIII

Spleen

Cuando el cielo bajo y cargado pesa como una losa
sobre el espíritu gemebundo víctima de pesares permanentes,
y abarcando el cerco de todo del horizonte
nos echa encima un día negro más triste que las noches;

cuando la tierra se ha convertido en calabozo húmedo
en el que la Esperanza, lo mismo que un murciélago,
huye azotando los muros con sus tímidas alas
y dando cabezazos en los techos podridos;

cuando la lluvia, dejando caer sus regueros inmensos,
imita los barrotes de una enorme prisión,
y una muchedumbre muda de infames arañas
viene a colgar sus hilos en lo más hondo de nuestros cerebros,

de pronto, las campanas irrumpen con furia
y lanzan hacia el cielo un horrendo alarido,
como el de los espíritus errantes y sin patria
que se ponen a gemir tozudamente.

— Y grandes carrozas fúnebres, sin tambores ni música,
desfilan lentamente en mi alma: la Esperanza,
vencida, llora, y la Angustia atroz, despótica,
clava su bandera negra en mi cráneo humillado.

LXXIX

Obsesión

Vosotros, altos bosques, me amedrentáis como catedrales;
aulláis igual que el órgano; y en nuestros corazones malditos,
cámaras de duelo eterno donde resuenan antiguos estertores,
se repiten los ecos de vuestros *De profundis*.

¡Océano, te odio! Tus brincos y tumultos
los encuentra mi espíritu en sí; la risa amarga
del hombre derrotado, llena de sollozos y de insultos,
yo la escucho en la risa tremenda de la mar.

¡Cómo me gustarías, oh noche, sin esas estrellas
cuya luz habla un lenguaje consabido!
¡Pues yo busco el vacío, y lo negro, y lo desnudo!

Pero las tinieblas son también ellas lienzos
donde viven, brotando de mis ojos a miles,
seres desaparecidos de miradas familiares.

LXXX

El sabor de la nada

¡Triste espíritu, antaño ávido de lucha,
la Esperanza, que aguijaba con su espuela tu ardor,
ya no quiere cabalgar sobre ti! Túmbate sin pudor,
viejo caballo cuyo pie tropieza en cada obstáculo.

Resígnate, corazón mío; duerme tu sueño irracional.

¡Espíritu vencido, extenuado! Para ti, viejo merodeador,
el amor no sabe a nada ya, y tampoco la contienda;
¡adiós, pues, cantos de los cobres y suspiros de la flauta!
¡Placeres, no tentéis más a un corazón sombrío y renegón!

¡La Primavera adorable ha perdido su olor!

Y el Tiempo me engulle minuto tras minuto
como la nieve inmensa a un cuerpo ya rígido;
contemplo desde lo alto el mundo en su redondez
y en él no busco ya el cobijo de una choza.

Avalancha, ¿me quieres arrastrar en tu caída?

LXXXI

Alquimia del dolor

Uno te ilumina con su entusiasmo,
otro te viste con su luto, ¡Naturaleza!
Lo que para uno significa: ¡Sepultura!,
a otro le suena: ¡Vida y esplendor!

Hermes ignoto que me asistes
y que siempre me intimidaste,
tú haces que me iguale a Midas,
el más triste de los alquimistas;

por ti transformo el oro en hierro
y el paraíso en infierno;
en el sudario de las nubes

descubro un cadáver entrañable,
y en las riberas celestiales
erijo grandes sarcófagos.

LXXXII

Horror armónico

Desde este cielo extraño y lívido,
atormentado como tu destino,
¿qué pensamientos descienden
hasta tu alma vacía? Responde, depravado.

— Insaciablemente ávido
de lo oscuro y de lo incierto,
yo no gimotearé como Ovidio
expulsado del paraíso latino.

Cielos desgarrados como eriales,
en vosotros se refleja mi orgullo;
vuestras enormes nubes enlutadas

son las carrozas fúnebres de mis sueños,
y vuestros resplandores, el reflejo
del Infierno donde se complace mi corazón.

LXXXIII

El heautontimorúmenos[24]

A J. G. F.[25]

Te pegaré sin cólera
y sin odio, como un carnicero,
¡como Moisés a la roca!,
y haré que desde tus párpados,

para regar mi Sáhara,
broten las aguas del sufrimiento.
Mi deseo, repleto de esperanza,
nadará sobre tus lágrimas saladas

como un barco que se adentra en el mar,
y en mi corazón, que habrán emborrachado,
tus queridos sollozos resonarán,
¡como un tambor que toca a la carga!

¿Es que no soy un falso acorde
en la divina sinfonía,
gracias a la Ironía voraz
que me zarandea y me remuerde?

---

[24] Título de Terencio: «El verdugo de sí mismo».
[25] Los especialistas no han logrado descifrar estas iniciales.

¡Ella, la escandalosa, está en mi voz!
¡Mi sangre toda es ese veneno negro!
Soy el espejo siniestro
donde la arpía se contempla.

¡Soy la herida y el cuchillo!
¡Soy el bofetón y la mejilla!
¡Soy el cuerpo desmembrado y la rueda,
la víctima y a la vez el verdugo!

Soy el vampiro de mi corazón,
— ¡uno de esos abandonados por completo
condenados a la risa eterna,
y que ya no pueden sonreír!

LXXXIV

Lo irremediable

I

Una Idea, una Forma, un Ser
procedente del azul y caído
en un Estigio[26] cenagoso y plomizo
donde no penetra ningún ojo celestial;

un Ángel, viajero imprudente
tentado por el amor de lo deforme,
al fondo de una enorme pesadilla,
debatiéndose como un nadador,

y luchando, ¡oh angustias fúnebres!,
contra un gigantesco remolino
que va cantando como los locos
y haciendo cabriolas en las tinieblas;

un infeliz embelesado
por sus fútiles titubeos
en busca de la luz y la llave
para huir de una casa llena de reptiles

[26] Véase nota 10, pág. 84

un condenado que, bordeando un abismo
cuyo olor delata la hondura húmeda,
desciende sin linterna
eternas escaleras sin barandilla

donde vigilan monstruos viscosos
cuyos grandes ojos fosforescentes
hacen una noche aún más negra
y solo permiten que se les vea a ellos;

un navío atrapado en el polo,
como en un cepo de cristal,
preguntándose por qué estrecho fatídico
ha caído en esta mazmorra;

— ¡emblemas nítidos, cuadro perfecto
de una fortuna irremediable,
que nos hace pensar que el Diablo
hace bien siempre todo lo que hace!

I I

¡Qué mano a mano oscuro y límpido,
este de un corazón transformado en su espejo!
Pozo de Verdad, diáfano y negro,
donde tiembla una estrella lívida,

un faro irónico, infernal,
antorcha para las mercedes satánicas,
consuelo y gloria únicos,
— ¡la conciencia dentro del Mal!

LXXXV

El reloj

¡Reloj!, dios siniestro, horroroso, impasible,
cuyo dedo nos amenaza diciéndonos: «¡Recuerda!,
los sonoros Dolores en tu corazón lleno de espanto
se clavarán muy pronto como en una diana;

el Placer vaporoso huirá hacia el horizonte
lo mismo que una sílfide entre bastidores;
cada instante te devora un trozo de la delicia
concedida a cada hombre para toda su existencia.

Tres mil seiscientas veces cada hora, el Segundo
te susurra: ¡Recuerda! — Rápido, con su voz
de insecto, el Ahora dice: ¡Yo soy el Hace Tiempo,
y he chupado tu vida con mi trompa asquerosa!

Remember! ¡Recuerda!, pródigo, Esto memor! [27]
(Mi garganta de metal habla todas las lenguas.)
¡Los minutos, mortal alocado, son ganga
que no hay que despreciar sin extraerle el oro!

---

[27] Baudelaire repite ¡Recuerda! en inglés y latín.

Recuerda que es el Tiempo jugador codicioso
que gana sin hacer trampas, ¡a cada jugada!, es la ley.
El día declina; la noche crece; *¡recuerda!*,
el abismo tiene sed siempre; la clepsidra se vacía.

Dentro de poco sonará la hora en que el divino Azar,
en que la augusta Virtud, tu esposa todavía virgen,
en que incluso el Arrepentimiento (¡oh el último refugio!),
en que todo te dirá: ¡Muere, viejo miedoso!, ¡es demasiado
                                                    [tarde!».

Cuadros parisienses

LXXXVI

Paisaje

Quiero, para componer castamente mis églogas,
dormir cerca del cielo, igual que los astrólogos,
y, vecino de los campanarios, escuchar entre sueños
sus himnos solemnes llevados por el viento.
Apoyando el mentón en las dos manos, desde lo alto de mi
[buhardilla,
veré el taller que canta y parlotea;
las chimeneas, los campanarios, esos mástiles de la ciudad,
y los cielos abiertos que hacen pensar en la eternidad.

Es dulce ver nacer entre las brumas
la estrella en el cielo, la lámpara en la ventana,
cómo suben los ríos de carbón al firmamento
y la luna derrama su pálido embrujo.
Veré las primaveras, los veranos, los otoños;
y cuando llegue el invierno de monótonas nieves,
cerraré por todas partes ventanas y postigos
para edificar en la noche mis mágicos palacios.
Entonces soñaré horizontes azulados,
jardines, surtidores que lloran en los alabastros,
besos, pájaros que cantan noche y día,
y todo lo que el Idilio tiene de más infantil.
El Motín, vociferando inútilmente en mis cristales,
no hará que se levante mi frente del pupitre;

pues estaré inmerso en la fruición
de evocar la Primavera con mi voluntad,
de sacar de mi pecho un sol, y de hacer
con mis ideas ardientes una atmósfera tibia.

LXXXVII

El sol

A lo largo de los viejos suburbios, donde cuelgan de las chabolas
las persianas, protectoras de secretas lujurias,
cuando el sol cruel castiga con dardos redoblados
la ciudad y los campos, los tejados y los trigos,
yo voy a practicar a solas mi caprichosa esgrima,
husmeando en los rincones el azar de la rima,
tropezando en las palabras como en los adoquines,
chocándome a veces con versos que buscaba hacía tiempo.

Este padre nutricio, enemigo de la anemia,
en los campos despierta versos igual que rosas;
hace que se evaporen las pesadumbres hacia el cielo,
y llena de miel los cerebros y las colmenas.
¡Él es quien rejuvenece a los que usan muletas
y los hace alegres y dulces como muchachas,
y ordena a las mieses que crezcan y maduren
en el corazón inmortal que siempre quiere florecer!

Cuando, igual que un poeta, desciende a las ciudades,
ennoblece el destino de las cosas más viles,
y penetra hecho un rey, sin ruido y sin criados,
en todos los hospitales y en todos los palacios.

LXXXVIII

A una mendiga pelirroja

Blanca muchacha de cabellos rojos,
cuyo vestido, por sus rotos,
deja ver la pobreza
          y la belleza.

Para mí, poeta raquítico,
tu joven cuerpo enfermizo,
todo lleno de pecas,
          tiene cierta dulzura.

Llevas tú, con más gracia
que una reina de romance
sus botines de terciopelo,
          tus zuecos pesados.

En lugar de un harapo cortísimo,
que un soberbio vestido cortesano
caiga en largos pliegues crujientes
          sobre tus talones;

en vez de medias agujereadas,
que ante los ojos de los pillos
en tu pierna una daga de oro
          reluzca más;

que los lazos a medio anudar
desvelen para nuestros pecados
tus dos pechos hermosos, radiantes
      como si fueran ojos;

que para desnudarte
tus brazos se hagan rogar
y aparten con golpes juguetones
      los dedos traviesos,

perlas del más puro oriente,
sonetos del maestro Belleau[28]
por tus cautivos admiradores
      sin cesar ofrecidos,

patulea servil de rimadores
que te dedican sus primicias
mientras contemplan tu chapín
      al pie de la escalinata,

¡más de un paje enamorado de la aventura,
más de un noble y más de un Ronsard[29]
acecharían lisonjeadores
      tu flamante aposento!

¡Contarías en tus lechos
más besos que flores de lis
y someterías bajo tus leyes
      a más de un rey Valois[30]!

---

[28] Rémi Belleau, poeta bucólico del siglo XVI.
[29] Pierre Ronsard, el poeta más celebrado del Renacimiento francés.
[30] Dinastía de reyes franceses que se remonta a la Edad Media y fue sustituida por los Borbones.

— En cambio, vas a mendigar
cualquier rancio desecho abandonado
en el portal de algún Vefour[31]
  de por ahí;

codiciando de reojo
bisutería de tres al cuarto
que yo, ¡perdóname!, no puedo
  regalarte.

Sigue, pues, sin más adorno,
perfume, perlas, diamante,
que tu flaca desnudez,
  ¡oh hermosa mía!

---

[31]   Restaurante de moda en la época.

LXXXIX

El cisne

A Victor Hugo

I

¡Andrómaca[32], en ti pienso! Este pequeño río,
espejo pobre y triste donde resplandeció hace tiempo
la inmensa majestad de tu dolor de viuda,
este Simois[33] engañoso que crece con tu llanto,

de pronto ha fecundado mi memoria fértil,
mientras atravesaba el nuevo Carrousel[34].
El viejo París ya no existe (la forma de una ciudad
cambia más aprisa, ¡ay!, que el corazón de un mortal);

solo con el recuerdo veo todo aquel campo de casuchas,
esos hacinamientos de capiteles insinuados y de fustes,
las hierbas, los toscos sillares con verdín del agua de los charcos,
y brillando en las ventanas, el gran batiburrillo.

---

[32] Esposa de Héctor, exiliada tras la caída de Troya, casada después con Pirro, que la repudió y la forzó a ser esposa del también cautivo Heleno (que aparece más adelante), otro de los hijos de Príamo.
[33] Río a cuyas orillas Andrómaca, una vez vencida Troya, fue desposada con Heleno.
[34] El poeta observa la transformación brusca del barrio donde aún se conserva el arco que lleva ese nombre.

Allí antes se instalaba una casa de fieras;
allí vi, una mañana, cuando bajo los cielos
fríos y claros se despierta el Trabajo, cuando el ajetreo
lanza un negro huracán al cielo silencioso,

un cisne que se había escapado de su jaula
y, frotando con sus pies palmeados el pavimiento seco,
sobre el suelo rasposo arrastraba su blanco plumaje.
Junto a un cauce sin agua el animal, abriendo el pico,

bañaba bruscamente sus alas en el polvo,
y decía, mientras le rebosaba en el corazón su hermoso lago
                                                    [natal:
«Agua, ¿cuándo caerás de una vez?, y tú, rayo, ¿cuándo
                                                    [retumbarás?».
Veo a ese desdichado, mito extraño y fatídico,

a veces hacia el cielo, como el hombre de Ovidio[35],
hacia ese cielo irónico y cruelmente azul,
alargar su cabeza ansiosa sobre el cuello convulso,
¡como si dirigiera sus reproches a Dios!

II

¡París cambia!, ¡pero nada en mi melancolía
se ha movido! Palacios nuevos, andamios, sillares,
viejos barrios, para mí todo se convierte en alegoría,
y mis queridos recuerdos pesan más que rocas.

---

[35] Según Ovidio, el hombre fue creado de forma que despertara a la existencia mirando al cielo.

Por eso ante este Louvre una imagen me oprime:
pienso en mi gran cisne, con sus gestos dementes,
como los exiliados, ridículo y sublime,
¡y roído de un ansia sin tregua!, y luego en ti,

Andrómaca, caída desde los brazos de un esposo soberbio,
como ganado vil, bajo el poder del orgulloso Pirro,
junto a una tumba vacía inclinándote en éxtasis;
¡viuda de Héctor, ay, y ahora esposa de Heleno!

Pienso en esa negra enflaquecida y tísica
que resbala en el barro y busca con ojos extraviados
los cocoteros remotos del África altiva
detrás de la muralla inmensa de la niebla;

¡en todo aquel que perdió lo que no se recupera
nunca, nunca!, ¡en aquellos que se abrevan de llanto
y maman del Dolor como de una loba buena!,
¡en los huérfanos flacos que se secan como flores!

Así, en la selva donde mi espíritu se exilia,
¡suena la trompa de un viejo Recuerdo a pleno pulmón!
¡Pienso en los marineros olvidados en una isla,
en los cautivos, en los derrotados!..., ¡y en tantos, tantos más!

XC

Los siete viejos

A Victor Hugo

¡Bulliciosa ciudad, ciudad llena de sueños,
donde el fantasma en pleno día atrapa al que pasa!
Los misterios se deslizan por todas partes como la savia
por los canales angostos del coloso imponente.

Una mañana, mientras que en la calle triste
las casas, agrandadas por su oscuridad,
simulaban los dos muelles de un río muy crecido,
y que, como un decorado parecido al alma del actor,

una niebla sucia y amarilla inundaba el espacio por completo,
yo me dejaba ir, tensando mis nervios como un héroe
y discutiendo con mi alma ya agotada,
a lo largo del barrio agitado por pesadas carretas.

De pronto, un viejo cuyos harapos amarillos
copiaban el color de aquel cielo lluvioso,
y cuyo aspecto habría provocado lluvias de limosnas
de no ser por la maldad que brillaba en sus ojos,

se me apareció. Se habría dicho que tenía las pupilas empapadas
de hiel. Su mirada aguzaba la escarcha,

y su barba de pelos largos, tiesa como una espada,
se le adelantaba igual que la de Judas.

No estaba encorvado, sino roto, su espina dorsal
formaba con su pierna un ángulo completamente recto,
de manera que su bastón, rematando su figura,
le daba el sesgo y el paso desmañado

de un cuadrúpedo cojo o de un judío de tres patas.
Andaba trabándose en la nieve y el barro,
como si aplastara muertos bajo sus zapatones,
hostil al universo, aún más que indiferente.

Otro idéntico a él lo seguía: barba, ojos, chepa, bastón, jirones,
ningún rasgo distinguía, venido de igual infierno,
a este gemelo centenario, y los dos espectros barrocos
marcaban el mismo paso hacia una meta desconocida.

¿A qué conjura infame me estaba yo exponiendo,
o qué maligno azar quería humillarme así?
¡Porque conté hasta siete, un minuto tras otro,
las veces que el siniestro viejo se multiplicaba!

Que quien se ría de mi desasosiego,
y no se vea asaltado por un susto fraternal,
piense bien que, a pesar de tanta decrepitud,
¡aquellos siete monstruos repelentes parecían eternos!

¿Iba yo a contemplar, sin morir, al octavo,
sosias inexorable, irónico y fatal,
repugnante Fénix, hijo y padre de sí mismo?
— Pero volví la espalda al cortejo del infierno.

Exasperado como un borracho que ve doble,
volví a casa, cerré la puerta, horrorizado,
enfermo y congelado, con el ánimo febril y confuso,
¡herido por el misterio y por el absurdo!

En vano mi pensamiento quería tomar el timón;
la tempestad juguetona desorientaba sus esfuerzos,
y mi alma bailaba, bailaba, como vieja gabarra
sin mástiles, en un mar monstruoso y sin límites.

XCI

Las viejecitas

A Victor Hugo

I

En los pliegues sinuosos de las antiguas capitales
donde todo, hasta el horror, se transforma en embrujo,
yo acecho, acatando mi inclinación fatal,
a seres singulares, decrépitos y encantadores.

Esos monstruos descoyuntados fueron mujeres hace tiempo,
¡Eponina o Lais[36]!, ¡Monstruos quebrados, chepudos
o torcidos, ¡amémoslos!, todavía son almas.
Bajo enaguas desgarradas y bajo telas que no abrigan,

van arrastrándose, flagelados por los cierzos inicuos,
temblando ante el estrépito rodante de los ómnibus,
y apretando en su costado, igual que una reliquia,
un bolsito bordado con flores o con jeroglíficos;

van dando tumbos, muy parecidos a marionetas;
renquean igual que los animales lisiados,
o bailan, sin querer bailar, ¡pobres campanillas
que toca un Demonio despiadado! Totalmente rotos

---

[36] Mujeres famosas en la cultura grecorromana por su fidelidad (Eponina) o por su libertinaje (Lais).

como están, tienen ojos que taladran igual que barrenas,
brillantes como esos hoyos donde el agua duerme de noche;
tienen los ojos divinos de la muchachita
que se asombra y que ríe ante todo lo que reluce.

— ¿Habéis reparado en que muchos féretros de viejas
son casi tan pequeños como los de los niños?
La Muerte sabia ofrece con esos ataúdes iguales
un símbolo que da una impresión extraña y sugestiva,

y cuando atisbo un fantasma frágil
que atraviesa la escena bulliciosa de París,
creo siempre estar viendo que ese ser quebradizo
se aleja lentamente hacia una nueva cuna;

a no ser que, meditando acerca de la geometría,
según la apariencia de esos miembros discordes,
me pregunte las veces que el artesano debe modificar
la forma de la caja donde se colocan todos esos cuerpos.

— Esos ojos son pozos hechos con un millón de lágrimas,
crisoles que un metal enfriado cubrió de lentejuelas...
¡Esos ojos misteriosos tienen encantos invencibles
para quien fue amamantado por el austero Infortunio!

II

Vestal encariñada con el difunto Frascati[37];
sacerdotisa de Talía[38], ¡ay!, cuyo nombre conoce

---

[37]   Salón de juego y cabaré ya cerrado en tiempos del poeta.
[38]   Musa del teatro.

el apuntador ya enterrado, famosa evaporada
que antaño en plena flor se acogió a la sombra del Tívoli[39],

¡todas me fascinan! Pero entre esos seres débiles
hay quienes, fabricando miel con el dolor,
han dicho al Sacrificio que les prestaba alas:
¡poderoso hipogrifo[40], condúceme hasta el cielo!

¡Una, experta en desgracias sufridas por su patria,
otra, abrumada de dolores por su esposo,
otra, lacerada por su hijo como una Madona,
todas habrían podido hacer un río con sus llantos!

III

¡A cuántas de esas viejecitas he perseguido yo!
Una entre tantas, a la hora en que el sol poniente
ensangrienta el cielo con heridas rojizas,
pensativa, se sentaba en un banco apartado,

para escuchar uno de esos conciertos de abundantes metales
con los que los soldados inundan a veces nuestros parques,
y que, en esas veladas de oro en que nos sentimos revivir,
vierten cierto heroísmo en los corazones urbanos.

Ella, derecha aún, altiva y atenta al compás,
aspiraba con ansia aquel canto airoso y guerrero,
sus ojos se abrían por momentos como los de un águila vieja;
¡su frente marmórea parecía dispuesta para el laurel!

[39] Parque de fiestas y atracciones al aire libre.
[40] Animal mitológico, mezcla de caballo, león y águila.

IV

Así vais caminando, estoicas y sin quejas,
atravesando el caos de las ciudades agitadas,
madres de corazón sangrante, libertinas o santas,
cuyos nombres todo el mundo citaba hace tiempo.

¡A vosotras que fuisteis la gracia o que fuisteis la gloria,
nadie ya os reconoce! Un borracho grosero
os insulta al pasar con un requiebro irrisorio;
brinca a vuestros talones un chiquillo cobarde y vil.

Avergonzadas de existir, sombras apergaminadas,
temerosas, con la espalda inclinada, andáis pegadas a los muros;
y nadie os saluda, ¡suerte extraña la vuestra!,
¡despojos de seres humanos maduros para la eternidad!

Pero yo, yo que os vigilo conmovido desde lejos,
con la mirada inquieta, fija en vuestros pasos inseguros,
igual que si fuera vuestro padre, ¡oh prodigio!,
gozo sin que os deis cuenta placeres clandestinos:

veo cómo florecen vuestras pasiones juveniles;
vivo vuestros días perdidos, fueran sombríos o claros;
¡mi corazón multiplicado disfruta con todos vuestros vicios!,
¡mi alma resplandece con todas vuestras virtudes!

¡Ruinas!, ¡familia mía!, ¡oh mentes de mi misma especie!
¡Cada noche os dedico una solemne despedida!
¿Dónde estaréis mañana, Evas octogenarias,
sobre quienes pesa la garra espantosa de Dios?

XCII

Los ciegos

¡Alma mía, contémplalos; son realmente horrorosos!
Parecen maniquíes, vagamente ridículos,
terribles, extravagantes como los sonámbulos,
dirigiendo a saber dónde sus órbitas tenebrosas.

Sus ojos, que la chispa divina abandonó,
como si miraran a lo lejos, se quedan alzados
al cielo; nunca se les ve inclinar meditabundos
hacia los adoquines su cabeza torpona.

Atraviesan así lo negro ilimitado,
ese hermano del eterno silencio. ¡Oh ciudad!
Mientras alrededor de nosotros tú cantas, ríes y berreas,

entregada al placer hasta la atrocidad,
¡ya ves!, ¡yo también me arrastro!, pero, más aturdido que ellos,
digo: ¿qué buscan en el Cielo todos estos ciegos?

XCIII

A una que pasa

La calle ensordecedora aullaba alrededor de mí.
Esbelta, delgada, de luto riguroso, toda dolor solemne,
una mujer pasó, haciendo que con su mano fastuosa
se alzaran, oscilaran el dobladillo y el festón;

ágil y noble, con piernas de estatua.
Yo, crispado como un excéntrico, bebía
en sus ojos, cielo lívido donde germina el huracán,
la dulzura que fascina y el placer que mata.

¡Un relámpago... y en seguida, la noche! Fugitiva belleza
cuya mirada me ha hecho de pronto renacer,
¿no volveré ya a verte hasta la eternidad?

¡En otra parte, muy lejos de aquí!, ¡muy tarde!, ¡quizá *nunca*!,
pues ignoro adónde huyes, y no sabes adónde voy,
¡oh tú, a quien yo hubiera amado, oh tú, que lo sabías!

XCIV

El esqueleto labrador

I

En las láminas de anatomía,
revueltas en los muelles polvorientos
donde no pocos libros cadavéricos
duermen igual que antiguas momias,

en esos dibujos a los que el rigor
y el saber de un viejo artista,
a pesar de lo triste del tema,
han transmitido la Belleza,

se ve, para completar
esos horrores misteriosos,
cavando como labradores,
a Desollados y a Esqueletos.

II

De esa tierra que removéis,
gañanes resignados y fúnebres,
con todo el esfuerzo de vuestras vértebras
o de vuestros músculos desnudos,

decid, ¿qué cosecha extraña,
forzados extraídos del osario,
recolectáis, y quién es el hacendado
cuyo granero debéis llenar?

¿Queréis mostrar (¡emblema espantoso
y evidente de un destino demasiado severo!)
que ni siquiera en el sepulcro
está asegurado el sueño prometido;

que la Nada es traidora con nosotros;
que todo, hasta la Muerte, nos engaña,
y que sempiternamente,
¡ay!, quizá estemos obligados

en algún terreno desconocido
a descortezar la tierra áspera
y a hundir una pesada pala
con nuestro pie sangrante y descarnado?

XCV

El crepúsculo vespertino

Aquí llega el crepúsculo delicioso, amigo del criminal;
viene como un cómplice, sin hacer ruido; el cielo
se cierra lentamente como una gran alcoba,
y el hombre impaciente se torna bestia feroz.

¡Ah ocaso, amable ocaso, deseado por aquel
cuyos brazos veraces pueden decir: ¡Hoy
hemos trabajado! —La caída de la noche es lo que alivia
al alma devorada por un dolor salvaje,
al sabio testarudo de frente agobiada
y al obrero doblado que regresa a su cama.
Mientras tanto, los diablos insanos en la atmósfera
se despiertan torpones, como hombres de negocios,
y volando chocan con postigos y aleros.
De una luz a otra que el viento zarandea
la Prostitución se enciende por las calles;
igual que un hormiguero, despeja sus salidas;
en cualquier parte se abre un oculto camino,
como enemigo que urde un repentino asalto;
se remueve en el fondo de la ciudad fangosa
como un gusano usurpador de lo que come el Hombre.
Se oyen aquí y allá resoplar las cocinas,
chillar desde los teatros, resonar las orquestas;
las mesas colectivas, donde el juego fascina,
se llenan de busconas y de timadores, sus cómplices,

y los ladrones, que no conocen tregua ni piedad,
van pronto a comenzar su tarea, ellos también,
y a forzar suavemente las puertas y los cofres
para ir tirando unos días más y vestir a sus queridas.

Vuelve hacia ti, alma mía, en este grave instante,
y cierra tus oídos a ese estruendo.
¡Es la hora en que arrecian los dolores de los enfermos!
La Noche sombría se aferra a su garganta; así cumplen
su destino y se acercan al abismo común;
el hospital se llena con sus lamentos. —Más de uno
no volverá a buscar la aromática sopa
al amor de la lumbre, ya tarde, junto a un ser querido.

¡La mayoría ni siquiera han conocido nunca
el calor del hogar y jamás han vivido!

XCVI

El juego

En sillones raídos, mujerzuelas viejas,
pálidas, con las cejas pintadas, la mirada mimosa y nefasta,
melindrosas y dejando caer de sus flacas orejas
un tintineo de piedra y de metal;

alrededor de los tapetes verdes, rostros sin labios,
labios sin color, mandíbulas sin dientes
y dedos crispados por una infernal fiebre,
hurgando en el bolsillo vacío o en el pecho palpitante;

bajo techos sucios, una fila de arañas tenues
y enormes quinqués que proyectan sus resplandores
sobre la frente tenebrosa de poetas ilustres
que vienen a derrochar sus sudores sangrientos;

ese es el negro cuadro que en un sueño nocturno
vi desplegarse bajo mi ojo clarividente.
Yo mismo, en un rincón del antro sórdido,
me vi acodado, frío, mudo, envidioso,

envidiando la pasión tenaz de aquella gente,
la fúnebre alegría de aquellas viejas putas,
y todos sin recato traficando en mi cara,
¡uno con su honor rancio, otra con su belleza!

Y mi corazón se asustó de envidiar a tanto infeliz
que corría con fervor hacia el abismo abierto,
y que, borracho de su sangre, preferiría a fin de cuentas
¡el dolor a la muerte y el infierno a la nada!

XCVII

Danza macabra

A Ernest Christophe

Orgullosa de su noble esbeltez, tanto como quien vive,
con su gran ramillete, su pañuelo y sus guantes,
tiene ella la indolencia y la desenvoltura
de una coqueta flaca de porte extravagante.

¿Se vio nunca en un baile un talle más delgado?
Su vestido excesivo, en su regia amplitud,
cae copiosamente sobre el pie desecado que aprieta
un zapato con borlas, lindo como una flor.

La gorguera que adorna la curva de las clavículas,
como arroyo lascivo que va rozando rocas,
defiende pudorosa de las bromas ridículas
los fúnebres encantos que ella insiste en cubrir.

Sus ojos profundos son mezcla de vacío y de tinieblas,
y su calavera, artísticamente tocada con flores,
oscila casi suelta sobre débiles vértebras.
¡Oh embrujo de una nada locamente atildada!

Te llamarán caricatura algunos
que no comprenden, amantes como son cautivados por la carne,

la elegancia sin nombre del armazón humano.
¡Tú, gran esqueleto, colmas mi gusto más exigente!

¿Vienes a perturbar con tu imponente mueca
la fiesta de la Vida? ¿O qué antiguo deseo,
espoleando aún tu osamenta viviente,
te empuja, incauto, al aquelarre del Placer?

¿Con las notas de los violines y las llamas de las velas
esperas ahuyentar tu pesadilla burlona,
y vienes a pedirle al torrente de orgías
que refresque el infierno encendido en tu pecho?

¡Inagotable pozo de sandez y de culpas!
¡Sempiterno alambique del antiguo dolor!
A través del trenzado curvo de tus costillas
veo, errante todavía, el áspid insaciable.

A decir verdad, temo que tu coquetería
no alcance un premio digno de sus esfuerzos;
¿quién, entre estos mortales, sabe aguantar la broma?
¡Los encantos del horror solo arrebatan a los fuertes!

La sima de tus ojos, llena de ideas horribles,
exhala el vértigo, y los bailarines prudentes
no podrán contemplar sin náuseas amargas
la sonrisa eterna de tus treinta y dos dientes.

Sin embargo, ¿quién no ha estrechado en sus brazos un
                                        [esqueleto,
y quién no se ha alimentado de productos de la tumba?
¿Qué importan el perfume, el traje o la vestimenta?
Quien hace remilgos delata que se cree hermoso.

Bayadera desnarigada, irresistible furcia,
di a esos que bailan con gesto de ofendidos:
«¡Figurines altivos, a pesar de los polvos y el carmín,
oléis todos a muerto! ¡Oh esqueletos almizclados,

Antínoos[41] marchitos, dandis de tez lampiña,
cadáveres barnizados, lovelaces[42] canosos,
el vaivén universal de la danza macabra
os arrastra a regiones que aún no son conocidas!

Desde los muelles fríos del Sena hasta las orillas ardientes del
                                                    [Ganges,
el rebaño mortal brinca y se aturde, sin ver
en un agujero del techo la trompeta del Ángel
siniestramente desbocada como un trabuco negro.

En cualquier latitud, bajo un sol cualquiera, la Muerte
admira tus piruetas, risible Humanidad,
y a menudo, como tú, se perfuma con mirra
y mezcla su ironía con tu locura».

---

[41] Antínoo fue un joven griego famoso por su belleza, amante del emperador Adriano y muerto prematuramente.

[42] Baudelaire se refiere a Lovelace, donjuán de la novela *Clarissa*, de Richardson.

XCVIII

El gusto por la mentira

Cuando te veo pasar, oh amada mía indolente,
acoplando tu garbo armonioso y tranquilo
al canto de los instrumentos que se quiebra en el techo,
y paseando el tedio de tu mirar profundo;

cuando contemplo, a las luces del gas que la tiñe,
tu frente pálida, embellecida por un mórbido atractivo,
donde las antorchas nocturnas encienden una aurora,
y tus ojos que atraen como los de un retrato,

me digo: ¡Qué hermosa es!, ¡y qué extrañamente juvenil!
El recuerdo aplastante, esa torre tosca y regia,
la corona; y su corazón, dañado como un durazno,
está maduro, al igual que su cuerpo, para el amor más sabio.

¿Eres tú la fruta otoñal de sabores supremos?
¿Eres urna mortuoria que aguarda algún llanto,
perfume que hace soñar en oasis remotos,
almohada acariciante, o cestillo de flores?

Yo sé que existen ojos, de los más melancólicos,
que no esconden ningún secreto extraordinario;
ricos cofres sin joyas, medallones sin reliquias,
¡más vacíos, más hondos, que vosotros, oh Cielos!

Pero ¿no basta que seas tan solo la apariencia
para alegrar un corazón que huye de la verdad?
¿Qué importan tu necedad o tu apatía?
¡Salve, máscara o decorado! Yo adoro tu belleza.

XCIX

No he olvidado nuestra casa blanca,
cercana a la ciudad, pequeña pero tranquila;
su Pomona de yeso y su Venus[43] antigua
escondiendo sus miembros desnudos en el bosquecillo ralo,
y el sol, ya atardecido, rutilante y espléndido,
que, tras los cristales donde se quebraban sus rayos,
parecía contemplar, como un gran ojo abierto
en el cielo indiscreto, nuestras cenas lentas, calladas,
extendiendo generosamente sus hermosos reflejos de cirio
sobre el mantel frugal y las cortinas de sarga.

---

[43] Tanto la estatua de Venus, diosa de los huertos, como la de la ninfa Pomona, relacionada con los frutos y los jardines, eran frecuentes en los parques de la época.

C

A la criada bondadosa de la que tenías celos,
y que reposa en calma bajo la hierba humilde,
deberíamos, qué menos, llevarle algunas flores.
Los muertos, los pobres muertos, tienen grandes pesares,
y cuando sopla Octubre, podador de los árboles viejos,
con viento melancólico en torno de sus lápidas,
sin duda han de encontrar muy ingratos a los vivos,
que duermen, como suelen, cálidamente en sus sábanas,
mientras que, devorados por oscuros ensueños,
sin compañía en el lecho, sin charlas agradables,
añosos esqueletos gélidos roídos por gusanos,
ellos notan cómo gotean las nieves del invierno
y cómo el siglo se desliza sin que amigos o parientes
reemplacen los jirones que cuelgan de su verja.

Cuando el tronco quemado crepita y canta, si, a la tarde,
yo la viera tranquila sentarse en el sillón,
si, en una noche azul y fría de diciembre,
la encontrara acurrucada en un rincón de mi cuarto,
seria, que viene desde el fondo de su lecho eterno
a arropar con mirada materna al niño que ha crecido,
¿qué podría responder a aquella alma piadosa,
viendo caer las lágrimas de sus cuencas vacías?

CI

Brumas y lluvias

¡Oh, finales de otoño, inviernos, primaveras bañadas en barro,
aletargantes estaciones!, os prefiero, y celebro
que envolváis así mi corazón y mi mente
en un sudario nebuloso y en una vaga tumba.

En esta gran llanura donde el frío austro campea a sus anchas,
donde durante largas noches la veleta enronquece,
mi alma, más a gusto que cuando llega la tibia primavera,
abrirá totalmente sus alas de cuervo.

Nada es más agradable para un corazón lleno de ideas fúnebres,
y sobre el que hace tiempo se abaten las escarchas,
oh macilentas estaciones, reinas de nuestras latitudes,

que el semblante perpetuo de vuestras pálidas tinieblas
— a no ser que, una noche sin luna, las parejas
aplaquen el dolor con un amor fugaz.

CII

Sueño parisiense

A Constantin Guys[44]

I

La imagen vaga y lejana
de aquel paisaje terrible,
como nunca mortal vio,
aún me fascina esta mañana.

¡El sueño está lleno de milagros!
Por un capricho especial,
yo había excluido del espectáculo
lo vegetal desordenado,

y, pintor orgulloso de mi genio,
saboreaba en mi cuadro
la embriagadora monotonía
del metal, del mármol y del agua.

Babel de escalinatas y de arcadas,
era aquel un palacio infinito,
lleno de estanques y de cascadas
que caían sobre el oro mate o bruñido;

---

[44] Pintor de la época alabado por Baudelaire en sus críticas de arte.

y cataratas opulentas
como cortinas de cristal
colgaban resplandecientes
de murallas de metal.

No de árboles, sino de columnatas
se rodeaban los estanques durmientes,
donde náyades gigantescas
se contemplaban como mujeres.

Balsas de agua se extendían, azules,
entre márgenes rosados y verdes,
a lo largo de millones de leguas,
hacia los confines del universo;

¡había piedras insólitas
y corrientes de agua mágicas; había
hielos inmensos deslumbrados
por todo lo que reflejaban!

Indiferentes y taciturnos,
varios Ganges, desde el firmamento,
derramaban el tesoro de sus fuentes
en precipicios de diamante.

Arquitecto de mis fantasmagorías,
yo hacía pasar, a mi antojo,
bajo un túnel de piedras preciosas
un océano domesticado;

y todo, hasta el mismo color negro,
parecía pulido, claro, irisado;

el líquido engastaba su gloria
en el rayo de luz cristalizado.

¡Pero, aparte de eso, ni un astro, ni un resto
de sol, ni siquiera a ras del horizonte,
para iluminar estos prodigios
que brillaban con su propio fulgor!

Y sobre estas palpitantes maravillas
se cernía (¡terrible sorpresa!,
¡todo para la vista, nada para el oído!)
un silencio de eternidad.

II

Al abrir mis ojos ahítos de luz,
vi el horror de mi tugurio,
y sentí que en mi alma penetraba otra vez
el punzón de mis malditas pesadumbres;

el reloj daba con voz fúnebre,
brutalmente, el mediodía,
y el cielo vertía tinieblas
sobre el triste mundo entumecido.

CIII

El crepúsculo matutino

Tocaban a diana en los patios de los cuarteles,
y el viento mañanero soplaba contra los faroles.

Era la hora en que el enjambre de los sueños maléficos
retuerce en sus almohadas a los adolescentes renegridos;
cuando la lámpara, como un ojo sangrante que palpita
y se bambolea, echa sobre el día una mancha roja;
cuando el alma, bajo el peso del cuerpo áspero y tosco,
imita el combate de la lámpara con la luz del día.
Como un rostro cubierto de lágrimas que las brisas enjugan,
el aire se llena del temblor de las cosas que huyen,
y el hombre está cansado de escribir y la mujer de amar.

Aquí y allá las casas empezaban a echar humo.
Las mujeres de la vida, con los párpados lívidos
y la boca abierta, dormían su sueño embrutecido;
las mendigas, a cuestas con sus pechos delgados y fríos,
soplaban sobre sus tizones y se soplaban los dedos.
Era la hora en que, en medio del frío y la ruindad,
arrecian los dolores de las parturientas;
como una queja mezclada a una sangre espumosa,
el canto del gallo lejano rompía el aire brumoso;
un mar de nieblas bañaba los edificios,
y los agonizantes en lo más hondo de los asilos

exhalaban su último estertor en hipos entrecortados.
Los libertinos se recogían, destrozados por sus hazañas.

La aurora aterida en traje rosa y verde
avanzaba lentamente sobre el Sena desierto,
y el sombrío París, frotándose los ojos,
empuñaba sus herramientas, como un anciano laborioso.

El vino

CIV

El espíritu del vino

Una noche, el espíritu del vino cantaba en las botellas:
«¡Hombre, oh querido desheredado, te dedico,
bajo mi cárcel de vidrio y mis granates lacres,
un canto henchido de luz y de fraternidad!

Yo sé bien cuánto cuesta, sobre la colina ardiente,
en esfuerzos, en sudores y en sol abrasador,
engendrarme la vida y darme el alma;
pero no seré nada ingrato, ni dañino,

pues siento una alegría inmensa cuando caigo
en el gaznate de un hombre desgastado por su trabajo,
y su cálido pecho es una suave tumba
donde estoy más a gusto que en las frías bodegas.

¿Oyes cómo resuenan los estribillos de los domingos
y la esperanza que susurra en mi seno palpitante?
Acodado en la mesa, con las mangas remangadas,
me glorificarás y estarás satisfecho;

encenderé los ojos de tu mujer embelesada;
despertaré en tu hijo su fuerza y sus colores
y seré para el débil atleta de la vida
como el aceite que fortalece los músculos de los luchadores.

¡En ti caeré como vegetal ambrosía
o semilla exquisita arrojada por el eterno Sembrador,
para que de nuestro amor nazca la poesía
que brotará hacia Dios como una rara flor!».

CV

El vino de los traperos

Muchas veces, a la roja claridad de una farola
cuya llama agita el viento que sacude sus vidrios,
en lo más escondido de un viejo arrabal, laberinto fangoso
donde lo humano hierve en tormentosos fermentos,

se ve a un trapero que viene meneando la cabeza,
tropezando, topándose con los muros igual que un poeta,
y, sin recatarse de los delatores, que de ellos viven,
desahoga su corazón con gloriosos proyectos.

Presta juramentos, dicta leyes sublimes,
fulmina a los malos, rescata a las víctimas,
y, bajo el firmamento suspendido como un dosel,
se entusiasma con las excelencias de su propia virtud.

Sí, estos tipos hostigados por recelos de pareja,
molidos por el trabajo y acosados por la edad,
derrengados y doblados bajo una carga de residuos,
vomitera revuelta del enorme París,

aparecen, perfumados con olor a toneles,
seguidos por sus compinches, veteranos de todas las batallas,
con bigotes que cuelgan como antiguas banderas.
Los pendones, las flores y los arcos triunfales

se yerguen ante ellos, ¡magia solemne!,
y en la ensordecedora y luminosa orgía
de clarines, de sol, de gritos y tambores,
¡ellos traen la gloria al pueblo ebrio de amor!

Así es como a través de la Humanidad frívola
el vino arrastra oro, Pactolo[45] deslumbrante,
emplea el garguero humano para cantar sus proezas
y reina gracias a sus dádivas como los verdaderos reyes.

Para ahogar el rencor y mecer la indolencia
de todos estos viejos condenados que mueren en silencio,
Dios, presa del remordimiento, había creado el sueño;
¡el Hombre añadió el Vino, sagrado hijo del Sol!

---

[45] Río de la antigua Lidia del que se decía que llevaba oro entre sus arenas.

CVI

El vino del asesino

Mi mujer está muerta, ¡soy libre!,
ya puedo beber hasta reventar.
Cuando volvía a casa sin un céntimo,
sus gritos me desgarraban las carnes.

Soy tan feliz como un rey;
el aire es puro, el cielo admirable...
¡Teníamos un verano como este
cuando de ella me enamoré!

La horrible sed que me destroza
necesitaría para aplacarse
tanto vino como pudiera contener
su tumba; —lo que no es poco:

la he arrojado al fondo de un pozo,
e incluso he echado sobre ella
todas las piedras del brocal.
— ¡La olvidaré si soy capaz!

En nombre de los tiernos juramentos,
de los que nada puede desatarnos,
y para reconciliarnos
como en los buenos tiempos de nuestra embriaguez,

le imploré que viniera a mi cita,
de noche, en un camino oscuro.

¡Y allí que vino! — ¡loca pendona!
¡Todos estamos más o menos locos!

¡Todavía era bonita,
aunque bastante ajada!, ¡y yo
la amaba demasiado! Esa es la razón
por la que le dije: ¡deja la mala vida!

Nadie puede comprenderme. ¿Ha habido alguien
entre los borrachos estúpidos
que en sus noches mórbidas pensara
hacer una mortaja con el vino?

Semejante crápula invulnerable
como las máquinas de hierro
¡nunca, ni en verano ni en invierno,
ha conocido el verdadero amor,

con sus negros conjuros,
su infernal cortejo de zozobras,
sus frascos de veneno, sus lágrimas,
sus ruidos de cadenas y de huesos!

— ¡Aquí estoy, libre y solo!
Esta noche estaré borracho perdido;
entonces, sin miedo ni remordimiento,
me tumbaré en el suelo,

¡y dormiré como un perro!
La carreta de pesadas ruedas
cargada de piedras y de barros
o el ómnibus rabioso pueden tranquilamente

aplastar mi cabeza culpable
o cortarme en dos, ¡yo me río
de todo eso como me río de Dios,
del Diablo o del Altar Mayor!

CVII

El vino del solitario

El mirar inequívoco de una mujer insinuante
deslizado hacia nosotros como el destello blanco
enviado por la luna sinuosa al lago trémulo
cuando quiere bañar en él su belleza indolente;

la última bolsa de monedas en los dedos del jugador;
un beso descarado de la delgada Adelina[46],
los sones de una música que nos desarma y nos engatusa
como el grito lejano del humano dolor,

nada de eso es comparable, oh botella profunda,
a los bálsamos penetrantes que tu panza prolífica
reserva al corazón sediento del poeta devoto;

tú le escancias la vida, la juventud, la esperanza,
— ¡y el orgullo, ese tesoro que guarda cualquier maleante,
que nos hace victoriosos y semejantes a los Dioses!

---

[46] Según algunos comentaristas, Baudelaire se refiere aquí a una libertina que figura en el *Don Juan* de Byron.

CVIII

El vino de los amantes

¡Hoy la atmósfera es espléndida!
¡Sin bocado, ni espuelas, ni brida,
salgamos a caballo del vino
hacia un cielo mágico y divino!

¡Como dos ángeles atormentados
por una implacable alucinación,
sigamos el lejano espejismo
en el azul cristal de la mañana!

Blandamente mecidos por las alas
del torbellino inteligente,
en nuestros delirios paralelos,

hermana mía, nadando juntos,
¡huiremos sin descanso ni treguas
hacia el paraíso de mis sueños!

Flores del mal

CIX

La destrucción

A mi lado se agita sin cesar el Demonio;
flota a mi alrededor como un aire inasible;
lo respiro y siento que quema mis pulmones
y los llena de un ansia sempiterna y culpable.

A veces, como conoce mi gran amor por el Arte,
toma la forma de la más seductora de las mujeres,
y, con pretextos embaucadores de hipócrita,
envicia mis labios con bebedizos infames.

Así me conduce, lejos de la mirada de Dios,
jadeante y vencido de fatiga, hasta el centro
de las llanuras del Hastío, hondas y despobladas,

y arroja en mis ojos llenos de confusión
ropas ignominiosas, heridas abiertas
y el sangriento aparejo de la destrucción.

CX

Una mártir

Dibujo de un maestro desconocido

Entre frascos, telas satinadas
     y muebles de lujo,
mármoles, cuadros, vestidos perfumados
     que caen en pliegues suntuosos,

en una tibia cámara donde, como en un invernadero,
     el aire es peligroso y fatal,
donde ramos de flores moribundas en sus féretros de vidrio
     exhalan su último suspiro,

un cadáver sin cabeza derrama, igual que un río,
     sobre la almohada empapada
una sangre roja y viva, de la que el lienzo se alimenta
     con la avidez de un prado.

Como esas visiones pálidas que nacen de la sombra
     y nos esclavizan los ojos,
la cabeza, con el amasijo de su melena oscura
     y de sus joyas valiosas,

sobre la mesa de noche, como un ranúnculo,
     reposa; y una mirada vacía

de pensamientos, vaga y lechosa como el crepúsculo,
      se escapa de sus ojos en blanco.

Sobre la cama, el tronco desnudo exhibe sin recato
      con el más completo impudor
el esplendor secreto de la fatal belleza
      que la naturaleza le otorgó;

en la pierna ha quedado como un recuerdo una media
      rosácea, adornada con espiguillas doradas;
la liga, como un ojo secreto que resplandece,
      dispara una mirada diamantina.

El peculiar aspecto de tanta soledad
      y el de un gran retrato lánguido,
de ojos provocativos lo mismo que su gesto,
      revela un amor tenebroso,

una alegría culpable y saraos extraños
      llenos de besos infernales,
tan gratos al enjambre de los ángeles malos
      que flotan en los pliegues de los cortinajes;

y aun así, contemplando la delgadez elegante
      del hombro lastimado en su contorno,
la cadera algo huesuda y el talle atrevido
      como un reptil irritado,

¡se ve que aún es joven! —¿Su alma exasperada
      y sus sentidos roídos por el tedio
se entreabrieron a la jauría sedienta
      de los deseos errantes y fugaces?

¿El hombre vengativo que, viva, no pudiste
    saciar ni aun con tanto amor,
colmó en tu carne inerte y complaciente
    la inmensidad de su deseo?

¡Responde, cadáver impuro!, y cuando él te alzó agarrándote
    de tus trenzas rígidas con su brazo febril,
dime, cabeza espantosa, ¿estampó sobre tus dientes fríos
    su adiós definitivo?

— Lejos de la gente burlona, lejos de la multitud impura,
    lejos de los jueces indiscretos,
duerme en paz, duerme en paz, sorprendente criatura,
    en tu tumba misteriosa;

tu esposo recorre el mundo, y tu forma inmortal
    vela junto a él cuando duerme;
igual que lo eres tú, seguro que él te será fiel
    y constante hasta la muerte.

CXI

Mujeres malditas

Echadas en la arena como un rebaño pensativo,
vuelven sus ojos hacia el horizonte de los mares,
y sus pies que se buscan y sus manos rozándose
tienen suaves desmayos y amargos estremecimientos.

Unas, corazones embelesados en largas confidencias,
al fondo de la arboleda donde murmuran los arroyos,
van deletreando el amor de la infancia medrosa
y marcan el tronco verde de los árboles jóvenes;

otras, igual que monjas, andan lentas y serias
entre las peñas llenas de apariciones, donde
vio brotar San Antonio, como lenguas de lava,
los pechos desnudos y purpúreos de sus tentaciones;

Hay algunas que, al resplandor de las resinas desbordantes,
en la muda oquedad de los antiguos antros paganos,
te piden que socorras sus fiebres vociferantes,
¡oh Baco, tú que aplacas los remordimientos ancestrales!,

y otras, cuyo pecho prefiere los escapularios,
que, ocultando bajo sus largos hábitos un látigo,
mezclan en el bosque sombrío y en las noches solitarias
la espuma del placer con las lágrimas de las torturas.

¡Oh vírgenes, oh demonios, oh monstruos, oh mártires,
generosos espíritus que reprobáis la realidad,
ansiosas de infinito, devotas y satiresas,
tan pronto rebosantes de gritos como henchidas de llantos,

vosotras que mi alma ha seguido hasta vuestro infierno,
pobres hermanas mías, os amo tanto como os compadezco
por vuestros lúgubres dolores, vuestra sed no saciada
y los cálices de amor que llenan vuestro gran corazón!

CXII

Las dos monjas

La Lujuria y la Muerte son dos mujeres complacientes,
pródigas en besos y pletóricas de salud,
cuyas entrañas siempre vírgenes y adornadas de harapos
no han dado fruto nunca bajo el laboreo perpetuo[47].

Al poeta siniestro, enemigo de las familias,
favorito del infierno, mantenido mal pagado,
tumbas y burdeles le muestran bajo sus enramadas
un lecho nunca visitado por el remordimiento.

Y la caja de muerto y la alcoba, fecundas en blasfemias,
nos ofrecen, como dos monjitas, lo mismo
terribles placeres que espantosas dulzuras.

¿Cuándo vas a enterrarme, Lujuria de brazos inmundos?
¡Oh Muerte, su rival en encantos!, ¿cuándo vendrás a injertar
en sus mirtos infectos tus negros cipreses?

[47] Véase nota 13, pág. 85. La idea se repite en CXIV.

CXIII

La fuente de sangre

A veces me parece que mi sangre sale de mí a borbotones,
lo mismo que una fuente de rítmicos sollozos.
Claramente la oigo fluir con un largo murmullo,
pero me palpo en vano para encontrar la herida.

Por toda la ciudad, como en su propia finca,
ella se extiende, transformando los adoquines en islotes,
apagando la sed de todas las criaturas,
tiñendo de rojo la naturaleza entera.

He rogado muchas veces a los vinos capciosos
que al menos por un día adormezcan el terror que me consume;
¡el vino aclara la vista y agudiza el oído!

He buscado en el amor un sueño que me haga olvidar;
¡pero el amor es para mí solo un colchón de agujas
hecho para dar de beber a esas crueles mujerzuelas[48]!

---

[48] Al aparecer, el poeta alude a los personajes femeninos del poema anterior.

CXIV

Alegoría

Es una mujer hermosa y de nuca opulenta,
que deja caer la cabellera en su vino.
Las garras del amor, los venenos del garito,
todo resbala y todo se embota ante su piel granítica.
Se ríe de la Muerte y ridiculiza a la Lujuria,
esos monstruos cuya mano, que siempre rasga y siega,
ha respetado sin embargo, en sus juegos destructores,
la majestad severa de este cuerpo firme y enhiesto.
Camina como una diosa y se recuesta como una sultana;
tiene fe mahometana en el placer,
y a sus brazos abiertos, donde rebosan sus pechos,
convoca con los ojos al género humano.
Ella cree, ella sabe, esta virgen estéril
y aun así necesaria para que el mundo avance,
que la belleza física es un sublime don
que consigue el perdón de todas las infamias.
Le son indiferentes tanto el Infierno como el Purgatorio,
y cuando llegue la hora de entrar en la Noche negra,
mirará el rostro de la Muerte
como mira un recién nacido —sin odio y sin remordimiento.

CXV

Beatriz[49]

En paisajes cenicientos, calcinados, sin verdor,
un día, mientras estaba quejándome a la naturaleza,
y que, vagando al azar, lentamente afilaba
el puñal de mi mente sobre mi corazón,
vi descender sobre mi cabeza en pleno mediodía
una nube fúnebre y preñada de tormenta
que sostenía una turba de demonios viciosos,
semejantes a enanos crueles y fisgones.
Se pusieron a examinarme fríamente
y, como transeúntes ante un loco que les llama la atención,
los escuché reír y cuchichear entre ellos
intercambiando bastantes señales y no pocos guiños:

— «Contemplemos detenidamente esta caricatura
y esta sombra de Hamlet que imita sus gestos,
la mirada indecisa y los cabellos al viento.
¿No es lamentable ver a este vividor,
a este bribón, a este histrión sin trabajo, a este truhán
que, porque sabe interpretar su papel con cierto arte,
pretende que se fijen en el canto de sus penas
las águilas, los grillos, los arroyos y flores,

---

[49] Baudelaire ironiza a costa de la Beatriz de Dante.

e incluso a nosotros, inventores de esas antiguas argucias,
nos quiere recitar a gritos sus pregones en verso?».

Yo habría podido (mi orgullo, tan alto como un monte,
sobrevuela la nube y el chillido de los demonios)
simplemente apartar mi cabeza soberbia,
si no hubiera visto en medio del tropel obsceno
—¡crimen que no ha hecho tambalearse al sol!—
a la reina de mi corazón, la de mirada sin par,
que se reía con ellos de mi triste desamparo
y a veces les regalaba una sucia caricia.

CXVI

Un viaje a Citerea[50]

Mi corazón, como un pájaro, revoloteaba tan contento
y planeaba libremente alrededor de las jarcias;
el navío bogaba bajo un cielo sin nubes
como un ángel embriagado por el radiante sol.

¿Cuál es esa isla triste y negra? —Es Citerea,
nos dicen, un país muy conocido por los madrigales,
Eldorado banal de todo solterón.
Miradla, a fin de cuentas, es una pobre tierra.

— ¡Isla de los dulces secretos y las fiestas galantes!
El fantasma soberbio de la Venus antigua
se cierne sobre tus mares como un aroma,
y llena los espíritus de amor y languidez.

¡Hermosa isla de mirtos verdes, siempre con flores abiertas,
venerada sin fin por todas las naciones,
donde los suspiros de los corazones extasiados
flotan como el incienso sobre un jardín de rosas

o el arrullo perenne de la paloma torcaz!
— Citerea ya era sólo un paisaje de lo más escuálido,

[50]   Isla griega consagrada en la Antigüedad a la diosa del amor.

un desierto rocoso turbado por gritos ásperos.
¡Sin embargo, yo divisaba un objeto singular!

No era un templo de umbrías boscosas,
donde la joven sacerdotisa, enamorada de las flores,
con su cuerpo abrasado por secretos ardores,
fuera entreabriendo sus ropas a las brisas fugaces;

sino que, cuando rozamos tan de cerca la costa
que espantamos a los pájaros con nuestras velas blancas,
vimos que era una horca de tres brazos,
destacada en negro sobre el cielo, como un ciprés.

Feroces pájaros posados sobre su propia pitanza
destrozaban con rabia a un ahorcado ya maduro,
hincando cada uno su pico inmundo, como una herramienta,
en todos los rincones sangrantes de aquella podredumbre;

los ojos eran dos agujeros, y del vientre desgarrado
caían los intestinos pesados sobre los muslos,
y sus verdugos, ahítos de espantosas delicias,
lo habían castrado totalmente a picotazos.

A los pies, una turba de envidiosos cuadrúpedos,
levantando el hocico, husmeaban dando vueltas;
en medio de ellos se agitaba una bestia más grande
como el que va a ajusticiar rodeado de sus acólitos.

Morador de Citerea, hijo de un cielo tan hermoso,
tú sufrías en silencio estas injurias
para expiar tu culto infame
y los pecados que te han excluido de la tumba.

¡Ahorcado ridículo, míos son tus dolores!
Yo sentí, ante el aspecto de tus miembros penduleantes,
que subía hacia mis dientes, como un vómito,
el largo río de hiel de los dolores antiguos;

ante ti, pobre diablo de tan entrañable recuerdo,
sentí todos los picos y todas las mandíbulas
de los cuervos hirientes y de las panteras negras
que en tiempos disfrutaban torturando mi carne.

— El cielo era un encanto, el mar estaba liso;
pero ya para mí todo era negro y estaba ensangrentado,
y, ¡ay de mí!, tenía el corazón amortajado,
como en un sudario tosco, en aquella alegoría.

¡Oh Venus!, en tu isla solo he encontrado en pie
una horca simbólica de la que colgaba mi imagen...
— ¡Ah, Señor!, ¡concédeme la fuerza y el valor
para contemplar mi cuerpo y mi alma sin asco!

CXVII

El amorcillo y la calavera

Viñeta antigua

El amorcillo está sentado sobre la calavera
          de la Humanidad,
y en ese trono, el muy profano,
          con risa descarada,

alegremente sopla y hace pompas redondas
          que ascienden por el aire,
como para fundirse con los mundos
          de lo más hondo del éter.

El globo luminoso y débil
          cobra un gran impulso,
revienta y escupe su alma endeble
          como un sueño de oro.

Con cada pompa, oigo a la calavera
          rogar y gemir:
— «Este juego feroz y ridículo,
          ¿cuándo va a terminar?

¡Porque eso que tu boca cruel
          esparce por el aire,
monstruo asesino, es mi cerebro,
          mi carne y mi sangre!».

Rebelión

CXVIII

La negación de San Pedro

¿Y qué hace Dios con esta oleada de anatemas
que asciende cada día hacia sus queridos Serafines?
Como un tirano ahíto de carnes y de vinos,
se adormece al dulce son de nuestras blasfemias atroces.

¡Los lamentos de los mártires y de los torturados
son una sinfonía sin duda embriagadora
porque, a pesar de la sangre que cuesta su voluptuosidad,
los cielos aún no están totalmente saciados!

— ¡Ah, Jesús, acuérdate del Huerto de los Olivos!
En tu simplicidad rezabas de rodillas
al que en su cielo reía del ruido de los clavos
que verdugos abyectos clavaban en tus carnes vivas,

cuando viste escupir sobre tu divinidad
a la crápula del cuerpo de guardia y de las cocinas,
y cuando sentiste hundirse las espinas
en tu cráneo, donde vivía la inmensa Humanidad;

cuando el fardo horrible de tu cuerpo roto
alargaba tus brazos desmayados, y tu sangre
y tu sudor brotaban de tu frente que empalidecía,
cuando fuiste expuesto ante todos como una diana,

¿recordabas aquellos días tan brillantes y tan hermosos
en que viniste para cumplir la promesa eterna,
cuando, montado en una mansa burra, hollabas
caminos alfombrados de flores y de ramos,

cuando, con pecho henchido de esperanza y valor,
azotabas con todas tus fuerzas a aquellos viles mercaderes,
cuando, en fin, fuiste el Maestro? ¿No se hundió en tu costado
el remordimiento mucho antes que la lanza?

— Por mi parte, seguro que saldré con mucho gusto
de un mundo en que la acción no es hermana del sueño;
¡ojalá emplee la espada y perezca por la espada!
San Pedro renegó de Jesús..., ¡hizo bien!

CXIX

Caín y Abel

I

Raza de Abel, duerme, come y bebe;
Dios te sonríe complacientemente.

Raza de Caín, en el fango
revuélcate y muere miserablemente.

Raza de Abel, ¡tu sacrificio
agrada a la nariz del Serafín!

Raza de Caín, ¿tu suplicio
tendrá fin alguna vez?

Raza de Abel, mira cómo prosperan
tus cosechas y tu ganado.

Raza de Caín, tus entrañas
aúllan de hambre como un perro viejo.

Raza de Abel, calienta tu vientre
en tu hogar patriarcal;

Raza de Caín, ¡tiembla de frío
en tu guarida, pobre chacal!

Raza de Abel, ¡ama y multiplícate!
Tu oro también tiene descendencia.

Raza de Caín, corazón que arde,
cuídate de esos grandes deseos.

Raza de Abel, ¡creces y te apacientas
como las mariquitas del bosque!

Raza de Caín, arrastra por los caminos
a tu familia acosada.

II

¡Ah, raza de Abel, tu carroña
abonará el suelo humeante!

Raza de Caín, tu misión
no ha sido cumplida por completo.

¡Raza de Abel, esta es tu vergüenza:
el venablo ha vencido a la reja del arado!

¡Raza de Caín, sube al cielo,
y arroja a Dios contra la tierra!

CXX

Las letanías de Satán

Oh tú, el más sabio y hermoso de los Ángeles,
dios traicionado por el destino y privado de alabanzas,

¡oh Satán, ten piedad de mi miseria interminable!

Oh Príncipe del exilio a quien hemos agraviado,
y que, vencido, siempre te yergues aún más fuerte,

¡oh Satán, ten piedad de mi miseria interminable!

Tú que todo lo sabes, gran rey del mundo subterráneo,
familiar curandero de las angustias humanas,

¡oh Satán, ten piedad de mi miseria interminable!

Tú que, incluso a los leprosos, a los parias malditos,
enseñas por medio del amor el sabor del Paraíso,

¡oh Satán, ten piedad de mi miseria interminable!

Oh tú que engendraste en la Muerte, tu vieja y dura amante,
la Esperanza —¡una loca encantadora!,

¡oh Satán, ten piedad de mi miseria interminable!

Tú que das al proscrito esa mirada serena y altiva
que condena a todo un pueblo alrededor de un cadalso,

¡oh Satán, ten piedad de mi miseria interminable!

Tú que sabes en qué rincones de las tierras avaras
ocultó el Dios celoso las piedras preciosas,

¡oh Satán, ten piedad de mi miseria interminable!

Tú cuyo ojo clarividente conoce los arsenales profundos
donde duerme enterrada la raza de los metales,

¡oh Satán, ten piedad de mi miseria interminable!

Tú, cuya mano ancha evita los despeñaderos
al sonámbulo errante en las cornisas de los edificios,

¡oh Satán, ten piedad de mi miseria interminable!

Tú que, mágicamente, alivias los viejos huesos
del borracho rezagado pisoteado por los caballos,

¡oh Satán, ten piedad de mi miseria interminable!

Tú que, para consolar al hombre débil que sufre,
nos enseñaste a mezclar el nitrato con el azufre[51],

¡oh Satán, ten piedad de mi miseria interminable!

---

[51]   Baudelaire alude a la fórmula casera de la pólvora.

Tú que imprimes tu huella, oh cómplice sutil,
en la frente de Creso [52] despiadado y ruin,

¡oh Satán, ten piedad de mi miseria interminable!

Tú que pones en los ojos y en el corazón de las muchachas
el culto de la llaga y la atracción por el harapo,

¡oh Satán, ten piedad de mi miseria interminable!

Bastón de los exiliados, luminaria de los inventores,
confesor de los ahorcados y de los conspiradores,

¡oh Satán, ten piedad de mi miseria interminable!

Padre adoptivo de aquellos que Dios Padre
con su negra ira ha expulsado del paraíso terrenal,

¡oh Satán, ten piedad de mi miseria interminable!

Oración

¡Gloria y alabanza a ti, Satán, en las alturas
del Cielo, donde reinaste, y en las profundidades
del Infierno, donde, vencido, meditas en silencio!
¡Haz que mi alma un día, bajo el Árbol de la Ciencia,
a tu lado descanse, cuando sobre tu frente
se prolonguen sus ramas igual que un Templo nuevo!

---

[52] Rico personaje de la antigua Roma, arquetipo de la opulencia.

La muerte

CXXI

La muerte de los amantes

Tendremos lechos impregnados de sutiles aromas,
divanes profundos como tumbas
y flores extrañas en los anaqueles
abiertas para nosotros bajo cielos más hermosos.

Consumiendo a capricho sus calores últimos,
nuestros corazones serán dos grandes antorchas
que reflejarán su doble resplandor
en nuestros espíritus, estos espejos mellizos.

En un atardecer mezclado de rosa y azul místico,
intercambiaremos un destello único,
como un largo lamento, henchido de adioses;

y después un Ángel, entreabriendo las puertas,
vendrá a reanimar, leal y feliz,
los espejos empañados y las llamas muertas.

CXXII

La muerte de los pobres

La Muerte es la que consuela, ¡ay!, y la que hace vivir,
es la meta de la vida y la única esperanza
que, como un elixir, nos entona y nos embriaga,
y nos da ánimos para avanzar hasta la noche;

bajo la tempestad y la nieve y la escarcha,
es la claridad que vibra en nuestro horizonte oscuro;
el conocido albergue que se plasma en el libro[53],
donde podremos comer y dormir e instalarnos;

es un Ángel que tiene en sus dedos magnéticos
el buen dormir y el don de los sueños extáticos,
y el que hace la cama de los pobres y desnudos;

es la gloria de los dioses, es el granero místico,
es la bolsa del pobre y su patria ancestral,
¡es el pórtico abierto a los Cielos ignotos!

---

[53] Los expertos en Baudelaire conjeturan que el poeta se refiere a un libro
sagrado o, en el extremo posible de la simbología, a una guía turística de la época.

CXXIII

La muerte de los artistas

¿Cuántas veces tendré que agitar mis cascabeles
y besar tu frente ruin, caricatura[54] tétrica?
Para acertar en el blanco, de naturaleza mística,
¿cuántas flechas, oh aljaba, tendré yo que perder?

¡Gastaremos nuestra alma en sutiles argucias
y demoleremos más de un pesado armazón
antes de contemplar la grandiosa Criatura
cuya búsqueda infernal nos llena de sollozos!

Hay quienes nunca han conocido a su Ídolo,
y esos escultores condenados y marcados por la afrenta,
que se alejan golpeándose el pecho y la frente,

solo tienen una esperanza, ¡raro Capitolio[55] oscuro!,
¡y es que la Muerte, dominándolo todo como un nuevo sol,
haga abrirse las flores de su mente!

---

[54] Tampoco aquí los entendidos se ponen de acuerdo: el poeta puede aludir al público burgués, a la materia indomable para el artista (puesto que en este caso se trata de un escultor), etc.

[55] Se refiere al símbolo del triunfo del artista, imposible según este poema.

CXXIV

El fin de la jornada

Bajo una luz macilenta
corre, baila y se retuerce sin sentido
la Vida, impúdica y chillona.
Por eso, tan pronto como por el horizonte

sube la noche voluptuosa,
aplacándolo todo, incluso el hambre,
borrándolo todo, incluso la vergüenza,
el Poeta se dice: «¡Por fin!

Mi espíritu, igual que mis vértebras,
invoca el descanso ardientemente;
con el corazón lleno de ensueños fúnebres,

voy a tumbarme bocarriba
y a envolverme en vuestros cortinajes,
¡oh reconfortantes tinieblas!».

CXXV

El sueño de un curioso

A F. N.[56]

Conoces como yo el sabroso dolor,
y haces decir de ti: «¡Oh, ese hombre insólito!».
— Yo estaba a punto de morir. Sentía en mi alma amorosa,
con deseo y espanto mezclados, un raro sufrimiento;

angustia y esperanza intensa, sin ánimo rebelde.
Conforme se vaciaba el fatal reloj de arena,
mi tortura era más áspera y deliciosa;
mi corazón entero se desprendía del mundo familiar.

Era yo como el niño impaciente antes del espectáculo,
que odia el telón como se odia un estorbo...
Por fin la verdad fría se reveló:

yo había muerto sin sobresalto, y la terrible aurora
me envolvía.— ¡Pero bueno!, ¿entonces, solo es esto?
Se había alzado el telón y yo esperaba todavía.

---

[56] Felix Nadar, fotógrafo amigo de Baudelaire. A él debemos excelentes foto-
grafías del poeta.

CXXVI

El viaje

A Maxime du Camp [57]

I

Para el niño, prendado de mapas y de láminas,
el universo corresponde a su vasta ambición.
¡Ah, qué grande es el mundo a la luz de las lámparas!,
¡y qué pequeño para los ojos del recuerdo!

Una mañana salimos de viaje, la mente encendida,
el corazón preñado de rencor y de deseos amargos,
y, siguiendo el ritmo de las olas, vamos
meciendo nuestro infinito en la finitud de los mares:

unos abandonan contentos una patria infame;
otros, el horror de sus cunas, y unos cuantos,
astrólogos ahogados en los ojos de una mujer,
la tiránica Circe [58] de perfumes temibles.

Para no ser convertidos en animales, se embriagan
de espacio y de luz y de cielos en ascuas;
el hielo que los muerde, los soles que los queman
van borrando despacio la señal de los besos.

[57] Escritor y entusiasta viajero, amigo de Baudelaire y, aún más, de Flaubert.
[58] Bruja que retuvo a Ulises y convirtió en cerdos a sus soldados.

Pero los verdaderos viajeros son solo aquellos que se van
por irse; corazones ligeros como globos,
esos nunca se alejan de su fatalidad,
y sin saber por qué, siempre dicen: ¡Vamos!

¡Esos cuyos deseos tienen forma de nubes,
y que sueñan despiertos, como un recluta sueña con el cañón,
inmensas voluptuosidades, cambiantes, imprevistas,
de nombre siempre oculto al espíritu humano!

II

Imitamos, ¡qué horror!, al trompo y a la bola
en su vals y sus brincos; hasta cuando dormimos
la Curiosidad nos atormenta y nos hace dar vueltas
como un Ángel cruel que azota soles.

¡Extraño destino cuya meta se mueve,
y, al no estar en ningún punto, puede estar en cualquier parte!,
¡el del hombre que, con su esperanza nunca desfalleciente,
para encontrar descanso siempre corre como un loco!

Nuestra alma es una fragata en busca de su Icaria[59];
en el puente resuena una voz: «¡Ojo avizor!»,
otra desde la cofa grita ardiente y alocada:
«¡Amor..., gloria..., felicidad!» ¡Maldición!, ¡es un escollo!

Cada islote que indica el vigía
es un Eldorado prometido por el Destino;
la Imaginación que prepara su orgía
solo encuentra un peñasco a la luz de la mañana.

---

[59] Isla griega que simboliza el hogar ideal. También fue el nombre de una proyectada comunidad utópica de la época de Baudelaire.

¡Oh el pobre enamorado de los países quiméricos!
¿Habría que encerrarlo, que tirarlo a la mar,
a ese marinero borracho, inventor de Américas
cuyo espejismo hace más amargo el piélago?

Así el viejo vagabundo que chapotea en el barro
y está en las nubes, sueña con radiantes paraísos;
su ojo encandilado descubre una Capua[60]
allí donde la vela ilumina un cuchitril.

III

¡Asombrosos viajeros! ¡Qué nobles historias
leemos en vuestros ojos profundos como los mares!
¡Abridnos los estuches de vuestras ricas memorias,
mostradnos esas joyas admirables de astros y de atmósferas!

¡Queremos viajar sin vapor y sin vela!
Para distraer el tedio de nuestras cárceles, haced
que se graben en nuestros espíritus, tensos como un lienzo,
vuestros recuerdos enmarcados por los horizontes.

Decid, ¿qué habéis visto?

IV

                    «Hemos visto astros
y mares; hemos visto desiertos también;

---

[60] Ciudad de Italia, símbolo de lugar acogedor, donde Aníbal se demoró en su avance hacia Roma.

y pese a los tropiezos y a los desastres imprevistos,
nos hemos aburrido muchas veces, como aquí.

La gloria del sol sobre la mar violeta,
la gloria de las ciudades a la hora del sol poniente,
encendían en nuestro corazón un entusiasmo inquieto
por sumergirnos en un cielo de reflejos seductores.

Las más ricas ciudades, los paisajes más extensos,
no contenían nunca el atractivo misterioso
de las figuras que el azar compone con las nubes.
¡Y el ansia siempre nos quitaba el sosiego!

— El gozo añade fuerzas al deseo.
¡Deseo, viejo árbol al que sirve de abono el placer,
en tanto que tu corteza se ensancha y se endurece,
tus ramas quieren ver el sol desde más cerca!

¿Crecerás sin cesar, altísimo árbol más vivaz
que el ciprés? —Aun así, hemos cosechado, cuidadosamente,
algunos bocetos para vuestro álbum ávido,
¡hermanos que encontráis hermoso cuanto viene de lejos!

Hemos visitado ídolos con trompa de elefante,
sitiales engastados de joyas luminosas,
palacios esculpidos cuyo lujo de fábula
sería un sueño ruinoso para vuestros banqueros;

ropajes que son una borrachera para los ojos;
mujeres con las uñas y los dientes teñidos,
y juglares expertos que la serpiente acaricia».

V

— Bueno, ¿y qué?, ¿y qué más?

VI

«¡Oh mentes infantiles!

Para no olvidar la principal cuestión,
hemos visto en cualquier lugar y sin haberlo buscado,
de lo alto a lo bajo de las inevitables jerarquías,
el tedioso espectáculo del pecado inmortal:

La mujer, vil esclava, orgullosa y estúpida,
adorándose sin darse risa y amándose sin asco;
el hombre, tirano tragón, lujurioso, codicioso y cruel,
esclavo del esclavo y reguero en la cloaca;

el verdugo que disfruta, el mártir que solloza;
la fiesta amenizada y perfumada con sangre;
el veneno del poder reblandeciendo al déspota,
y el pueblo enamorado del látigo embrutecedor;

bastantes religiones parecidas a la nuestra,
todas escalando los cielos; la Santidad,
igual que el exquisito se arrellana en su lecho de plumas,
buscando el placer en los azotes y en los clavos;

la charlatana Humanidad, engreída por su talento,
e igual de loca hoy que lo estaba hace siglos,
gritándole a Dios, en su furiosa agonía:
"¡Oh mi doble, oh mi maestro, maldito seas!"

¡Y los menos estúpidos, que se atreven a preferir la Demencia,
huyendo del gran rebaño que el Destino acorrala
y refugiándose en el opio sin límites!
— Ese es el eterno resumen de noticias del globo terrestre.»

VII

¡Amarga lección, la que se saca del viaje!
El mundo, monótono y pequeño, hoy,
ayer, mañana, siempre, nos hace ver nuestra imagen:
¡un oasis de horror en un desierto de tedio!

¿Hay que irse?, ¿o quedarse? Si puedes quedarte, quédate;
Vete, si es necesario. Hay quien corre y quien se encierra
para engañar al enemigo vigilante y funesto,
¡el Tiempo! Hay, por desgracia, corredores sin tregua,

como el Judío errante y como los apóstoles,
a quienes nada basta, ni el tren ni el navío,
para huir de este infame gladiador; hay otros
que consiguen matarlo sin salir de su tierra natal.

Cuando por fin él ponga el pie en nuestro espinazo,
podremos confiar y gritar: ¡Adelante!
Igual que en otro tiempo salíamos hacia China,
con la vista en alta mar y los cabellos al viento,

nos adentraremos en el mar de las Tinieblas
con el alma gozosa de un joven pasajero.
¿Escucháis esas voces, atrayentes y fúnebres,
que cantan: «¡Por aquí, los que queréis comer

el Loto[61] perfumado!, aquí es donde se cosechan
los frutos milagrosos de los que vuestro corazón está hambriento;
venid a emborracharos de la dulzura extraña
de esta siesta que nunca tiene fin»?

Por el acento familiar, adivinamos el espectro;
desde allá, nuestros Pílades[62] tienden sus brazos hacia nosotros.
«¡Para reanimar tu corazón, ven nadando hacia tu Electra[63]!»,
dice aquella cuyas rodillas hace tiempo besábamos.

VIII

¡Oh Muerte, viejo capitán, llegó la hora, levemos anclas!
Nos aburre esta tierra, ¡oh Muerte, zarpemos ya!
¡Si el cielo y el mar son negros como la tinta,
nuestros corazones, que bien conoces, están llenos de
                                        [resplandores!

¡Sírvenos tu veneno para que nos reconforte!
De tanto que este fuego nos abrasa el cerebro, queremos
hundirnos en el fondo del abismo, Infierno o Cielo, ¿qué más
                                        [da?,
¡al fondo de lo Desconocido para encontrar lo *nuevo*!

---

[61] En la Odisea, comer los frutos del país de los lotófagos hacía olvidar la propia patria.
[62] Pílades fue gran amnigo de Orestes. Baudelaire hace referencia a sus amigos muertos.
[63] Hermana de Orestes, arquetipo de la fidelidad fraterna.

Poemas añadidos
a la edición postuma (1868)

Epígrafe para un libro condenado

Lector apacible y bucólico,
ingenuo y sobrio hombre de bien,
suelta este libro saturnino,
orgiástico y melancólico.

Si no has estudiado retórica
con Satán, el astuto decano,
¡suéltalo! No lo comprenderías en absoluto,
o creerías que estoy histérico.

Pero si, sin dejarse seducir,
tu vista sabe hundirse en los abismos,
léeme, para aprender a quererme;

alma inquieta que padeces
y vas buscando tu paraíso,
¡apiádate de mí!... ¡Si no, yo te maldigo!

Madrigal triste

I

¿Qué me importa que seas prudente?
¡Sé hermosa!, ¡y sé triste! Las lágrimas
añaden encanto al rostro
igual que el río al paisaje;
la tormenta rejuvenece a las flores.

Te amo sobre todo cuando tu alegría
huye de tu frente consternada;
cuando tu corazón se anega en el horror;
cuando se despliega sobre tu presente
la nube horrible del pasado.

Te amo cuando tus grandes ojos vierten
un agua cálida como la sangre;
cuando, a pesar de que mi mano te acuna,
tu angustia, demasiado intensa, aflora
como un estertor de agonizante.

Respiro, ¡divina voluptuosidad!,
¡himno profundo, delicioso!,
todos los suspiros de tu pecho,
¡y me parece que tu corazón se ilumina
con las perlas que vierten tus ojos!

II

Sé que tu corazón, rebosante
de viejos amores extirpados,
resplandece aún como una fragua,
y que incubas en tu pecho
un poco del orgullo de los condenados;

pero mientras tus sueños, querida,
no sean reflejo del Infierno,
ni en una pesadilla interminable,
soñando con venenos y espadas,
apasionada de la pólvora y el acero,

recelosa de abrir tu puerta a nadie,
descifrando la desgracia en todas partes,
conmoviéndote cuando suena la hora,
hayas sentido el abrazo
del Asco irresistible,

no podrás, esclava reina
que me amas solo con espanto,
en el horror de la noche insana
decirme con el alma en un grito:
«¡Soy igual a ti, oh Rey mío!»

La oración de un pagano

¡Ah!, no reduzcas tus llamas;
reanima mi corazón entumecido,
¡voluptuosidad, tortura de las almas!,
Diva! Supplicem exaudi! [64]

¡Diosa expandida en el aire,
luz en nuestro subterráneo!
Atiende a un alma aterida
que te dedica un canto despiadado.

¡Voluptuosidad, sé siempre mi reina!
Ponte la máscara de una sirena
hecha de carne y de terciopelo,

o viérteme tus hondos sueños
en el vino impreciso y místico,
¡voluptuosidad, fantasma veleidoso!

---

[64] En latín: «¡Diosa! ¡Escucha al suplicante!»

El rebelde

Un Ángel furioso se precipita desde el cielo como un águila,
agarra por los pelos fuertemente al incrédulo,
y dice zarandeándolo: «¡Vas a aprender la regla!
(porque soy tu Ángel bueno, ¿te enteras?) ¡Lo exijo!

Que sepas que hay que amar, sin poner mala cara,
al pobre, al malo, al retorcido, al mentecato,
para que puedas hacerle a Jesús, cuando pase,
una alfombra triunfal con tu caridad.

¡Así es el Amor! Antes que tu corazón se hastíe,
reanima tu éxtasis a la gloria de Dios;
¡esa es la auténtica Voluptuosidad de encantos duraderos!».

Y el Ángel, que castiga, lo juro, igual que ama,
con sus puños de gigante tortura al excomulgado,
pero el réprobo responde siempre: «¡No quiero!».

La que advierte

Todo hombre digno de ese nombre
tiene en su corazón una Serpiente amarilla,
arrellanada como en un trono,
que, si él dice: «¡Quiero!», responde: «¡No!».

Hunde tus ojos en los ojos fijos
de las Sátiras o de las Ondinas:
el Colmillo dice: «¡Piensa en tu deber!».

Haz hijos, planta árboles,
pule versos, esculpe mármoles:
el Colmillo dice: «¿Vivirás esta noche?».

Por más que proyecte o que espere,
el hombre no vive un momento
sin padecer la advertencia
de la Víbora insoportable.

Recogimiento

Pórtate bien, oh Angustia mía, y estate quieta.
Reclamabas la Noche; ya cae; aquí está:
una atmósfera oscura envuelve la ciudad
trayendo a unos la paz, a otros la zozobra.

Mientras la muchedumbre vil de los mortales,
bajo el látigo del Placer, ese verdugo despiadado,
va a cosechar remordimientos en la fiesta servil,
Angustia mía, dame la mano; ven por aquí,

lejos de ellos. Mira cómo se asoman los Años difuntos
a los balcones del cielo, en ropajes anticuados;
cómo surge del fondo de las aguas la Pena sonriente;

cómo el Sol moribundo se adormece bajo un arco,
e, igual que un largo sudario que arrastra por Oriente,
oye, mi buena amiga, oye cómo la dulce Noche avanza.

La tapadera

Dondequiera que él vaya, sea en el mar o en la tierra,
con un clima de fuego o bajo un blanco sol,
servidor de Jesús, cortesano de Citerea,
mendigo tenebroso o Creso[65] rutilante,

ciudadano, campesino, vagabundo, sedentario,
con su pequeño cerebro quizá activo o quizá lento,
en cualquier parte, el hombre sufre el terror del misterio,
y solo mira a lo alto con ojos temblorosos.

¡Allá en lo alto, el Cielo!, ese techo de sótano asfixiante,
bóveda iluminada para una ópera bufa
en la que cada histrión pisotea un suelo ensangrentado;

terror del libertino, esperanza del orate ermitaño;
¡el Cielo!, tapadera negra de la gran marmita
donde se cuece la insignificante y vasta Humanidad.

[65] Véase nota 52, pág. 243.

La luna ofendida

Oh Luna que adoraban discretamente nuestros antepasados,
desde lo alto de los campos azules donde, como un harén
                                                    [radiante,
los astros te siguen con vistoso boato,
mi vieja Cintia[66], lámpara de nuestras guaridas,

¿ves a los amantes en sus jergones fértiles,
mostrando mientras duermen el fresco esmalte de su boca?
¿ves cómo choca la frente del poeta contra su trabajo,
o cómo en la hierba seca se aparean las víboras?

Bajo tu esclavina amarilla, y con pasos furtivos,
¿vas, como antaño, desde el ocaso hasta el alba,
a besar los encantos caducos de Endimión[67]?

— «Veo a tu madre, hijo de este siglo anémico,
que acerca a su espejo una pesada carga de años
y empolva con esmero el pecho en que mamaste»[68].

---

[66] Diana. Apelativo que empleaban para referirse a la luna los poetas ingleses.
[67] Hermoso pastor del que se enamoró Selene, la luna.
[68] Si esta «madre» no es París, como interpretan algunos, podría referirse a madame Aupick, y para no molestarla Baudelaire habría dejado inédito este poema.

El abismo

Pascal tenía su abismo, que se movía con él.
— ¡Todo es pozo sin fondo, ay, acción, deseo, sueño,
palabra! y a menudo, rozando mis pelos erizados,
he sentido pasar el viento del Miedo.

Arriba, abajo, en todas partes, lo profundo, lo inhóspito,
el silencio, el espacio horroroso y cautivador...
Sobre el fondo de mis noches, Dios, con su dedo sabio,
dibuja una pesadilla multiforme y sin tregua.

Tengo miedo del sueño como se teme un gran túnel,
repleto de vago terror, camino hacia quién sabe dónde;
no veo más que infinito por todas las ventanas,

y mi espíritu, siempre acosado por el vértigo,
envidia la insensibilidad de la nada.
— ¡Ah, no poder nunca evadirse de los Números[69] y los Seres!

---

[69] Los entendidos en la obra de Baudelaire no se ponen de acuerdo acerca de si el poeta se refiere a la numerología pitagórica o a la multiplicidad de seres en la que el único Ser se habría degradado.

Las quejas de un Ícaro

Los amantes de las prostitutas
son felices, tan campantes y satisfechos;
yo, sin embargo, tengo los brazos descoyuntados
de haber abrazado nubes.

A causa de los astros inigualables,
encendidos en lo profundo del cielo,
mis ojos consumidos no ven
más que recuerdos de soles.

En vano he querido encontrar
el fin y el centro del espacio;
bajo no sé qué mirada de fuego
siento cómo mi ala se quiebra;

y, quemado por el amor a lo bello,
no tendré el honor sublime
de dar mi nombre al abismo
que ha de hacerme de tumba.

El examen de medianoche

Al dar la medianoche, el reloj
irónicamente nos obliga
a recordar cómo hemos empleado
el día que se aleja:
— Hoy, fatídica fecha,
martes y trece, hemos llevado
la vida de un hereje,
pese a todo lo que sabemos.

¡Hemos blasfemado contra Jesús,
el más indiscutible de los Dioses!
Como un parásito a la mesa
de algún monstruoso Creso,
para complacer a la bestia,
digna sierva de los Demonios,
hemos injuriado lo que amamos
y adulado lo que nos repele;

hemos afligido, como el verdugo servil,
al débil menospreciado injustamente;
hemos saludado a la inmensa Necedad,
la Necedad con su testuz de toro;
hemos besado con gran devoción
la estúpida Materia,

y hemos bendecido la luz macilenta
de la podredumbre.

Finalmente, para ahogar
el vértigo en el delirio,
Nos, sacerdote orgulloso de la Lira,
cuya gloria consiste en exponer
la embriaguez de las cosas fúnebres,
¡hemos bebido sin sed y comido sin hambre!...
— ¡Rápido, soplemos la vela
para escondernos en las tinieblas!

Muy lejos de aquí

Es aquí la choza sagrada
donde esta muchacha muy engalanada,
tranquila y siempre dispuesta,

abanicándose los pechos con una mano,
y apoyando su codo en los cojines,
escucha el llanto de los estanques:

esta es la alcoba de Dorotea.
— La brisa y el agua cantan a lo lejos
su canción entrecortada por sollozos
para acunar a esta niña mimada.

De arriba abajo, con sumo cuidado,
su delicada piel recibe un masaje
de aceite oloroso y benjuí.
— En un rincón desfallecen unas flores.

Retazos

I

La puesta del sol romántico

¡Qué hermoso es el Sol cuando se eleva completamente nuevo,
lanzándonos como una explosión su «buenos días»!
— ¡Bienaventurado aquel que amorosamente puede
saludar el ocaso más glorioso que un sueño!

¡Yo recuerdo!... He visto todo, flor, manantial, surco,
extasiarse bajo su mirada como un corazón palpitante...
— ¡Corramos hacia el horizonte, que es tarde, corramos aprisa
para atrapar al menos un oblicuo rayo!

Pero persigo en vano al Dios que se retira;
la irresistible Noche establece su imperio,
negra, húmeda, funesta y llena de escalofríos;

un olor de tumba flota en las tinieblas,
y mi pie temeroso, al borde de la ciénaga, aplasta
sapos inadvertidos y babosas frías.

Poemas prohibidos
sacados de *Las flores del mal*

II

Lesbos

Madre de los juegos latinos y los deleites griegos,
Lesbos, donde los besos, languidecientes o gozosos,
cálidos como soles, frescos como sandías,
componen el adorno de las noches y los días de gloria;
Madre de los juegos latinos y los deleites griegos,

Lesbos, donde los besos son como las cascadas
que se lanzan sin miedo a las simas sin fondo,
y corren, a veces sollozando y a veces gorjeando,
tormentosos y secretos, bullentes y profundos;
¡Lesbos, donde los besos son como las cascadas!

Lesbos, donde las Frinés [70] se atraen unas a otras,
donde nunca un suspiro se quedó sin eco,
las estrellas te admiran, como a Pafos [71],
¡y Venus puede envidiar a Safo con toda razón!
Lesbos, donde las Frinés se atraen una a otra,

---

[70] Friné fue, en la Grecia clásica, una prostituta de éxito y modelo de escultores como Praxíteles.
[71] Ciudad de Chipre donde se rendía culto a Afrodita

Lesbos, tierra de las noches cálidas y lánguidas,
que hacen que ante sus espejos, ¡estéril voluptuosidad!,
las muchachas ojerosas, enamoradas de su cuerpo,
acaricien los frutos maduros de su adolescencia;
Lesbos, tierra de las noches cálidas y lánguidas,

deja fruncirse el ceño austero del viejo Platón;
tú obtienes tu perdón del exceso de besos,
amable y noble tierra, reina de un dulce imperio
y de los refinamientos inagotables siempre.
Deja fruncirse el ceño austero del viejo Platón.

¡Tú obtienes tu perdón del eterno martirio
infligido sin descanso a los corazones ambiciosos,
el que aleja de nosotros la radiante sonrisa
vagamente entrevista al borde de otros cielos!
¡Tú obtienes tu perdón del eterno martirio!

¿Cuál de los Dioses, Lesbos, se atreverá a ser tu juez
y condenar tu frente pálida de tantos afanes,
si sus balanzas de oro no han sopesado el diluvio
de lágrimas que han vertido a la mar tus arroyos?
¿Cuál de los Dioses, Lesbos, se atreverá a ser tu juez?

¿Qué quieren de nosotros las leyes de lo justo y lo injusto?
Vírgenes de corazón sublime, honor del archipiélago,
vuestra religión es tan augusta como otra cualquiera,

¡y el amor se reirá del Infierno y del Cielo!
¿Qué quieren de nosotros las leyes de lo justo y lo injusto?

Pues Lesbos me ha elegido entre todos en la tierra
para cantar el secreto de sus vírgenes en flor,
y fui desde la infancia iniciado en el negro misterio
de las risas sin freno mezcladas a los sombríos llantos;
pues Lesbos me ha elegido entre todos en la tierra.

Y desde entonces velo en la cumbre de Léucade[72],
igual que un centinela de ojo penetrante y seguro,
que acecha día y noche bergantín, tartana o fragata,
cuyas formas se estremecen a lo lejos sobre el azul;
y desde entonces velo en la cumbre de Léucade

para saber si el mar es indulgente y bueno,
y si entre los sollozos que hacen retumbar la roca
devolverá una noche hacia Lesbos, que perdona,
el cadáver adorado de Safo, que se fue
¡para saber si el mar es indulgente y bueno!

¡De la Safo viril, la amante y el poeta,
más hermosa que Venus a causa de su triste palidez!
— ¡El ojo celeste cedió ante el ojo negro salpicado
por el círculo tenebroso que trazan los dolores
de la Safo viril, la amante y el poeta!

— Más hermosa que Venus cuando se yergue sobre el mundo
y vierte los tesoros de su serenidad
y el resplandor de su juventud rubia
sobre el viejo Océano encantado con su hija;
¡más hermosa que Venus cuando se yergue sobre el mundo!

---

[72] Acantilado desde el que se decía que Safo se había arrojado al mar.

— De Safo que murió el día de su blasfemia,
cuando, ofendiendo el rito y el nuevo culto adoptado,
dejó que su hermoso cuerpo fuera pasto supremo
de un bruto cuyo orgullo castigó la impiedad
de aquella que murió el día de su blasfemia.

¡Y es desde aquel tiempo cuando Lesbos se lamenta,
y, a pesar de los honores que le rinde el universo,
se embriaga cada noche con el grito de la tormenta
que lanzan hacia el cielo sus orillas desiertas!
¡Y es desde aquel tiempo cuando Lesbos se lamenta!

III

Mujeres malditas

Delfina e Hipólita

A la pálida luz de las lámparas languidecientes,
sobre orondos cojines empapados de aroma,
Hipólita soñaba con caricias impetuosas
que alzaban el telón de su candor juvenil.

Buscaba, con sus ojos enturbiados por la tormenta,
el cielo ya lejano de su ingenuidad,
lo mismo que un viajero vuelve la cabeza
hacia horizontes azules que a primera hora dejó atrás.

Las perezosas lágrimas de sus ojos enternecidos,
el ademán quebrado, el asombro, la triste voluptuosidad,
sus brazos vencidos, abandonados como armas inútiles,
todo favorecía, todo adornaba su belleza frágil.

Tendida a sus pies, tranquila y colmada de alegría,
Delfina la cubría con sus ojos ardientes,
como un animal fuerte que vigila una presa
tras haberla marcado con los dientes.

Belleza robusta arrodillada ante la belleza frágil,
soberbia, aspiraba voluptuosamente
el vino de su triunfo, y se estiraba hacia ella,
como para acoger un tierno gesto de agradecimiento.

Buscaba en la mirada de su pálida víctima
el cántico callado que celebra el placer,
y esa gratitud infinita y sublime
que del párpado brota como un largo suspiro.

— «Hipólita, corazón mío, ¿qué dices de todo esto?
¿Comprendes ahora que no debes ofrecer
el sagrado holocausto de tus primeras rosas
a los soplos violentos que podrían marchitarlas?

Mis besos son ligeros como esas libélulas
que a la tarde acarician los grandes lagos transparentes,
y los de tu amante abrirán sus roderas
como hacen las carretas o los arados desgarradores;

pasarán sobre ti como una pesada recua
de caballos y bueyes de implacables pezuñas...
Hipólita, ¡mi hermana!, por eso, vuelve el rostro,
tú, alma mía y corazón mío, mi todo y mi mitad,

¡vuelve hacia mí tus ojos llenos de cielo y de estrellas!
¡Por una de esas miradas encantadoras, bálsamo divino,
yo apartaré los velos de los placeres más oscuros
y te adormeceré en un sueño sin fin!».

Pero entonces Hipólita, levantando su joven cabeza:
— «No soy nada ingrata y tampoco me arrepiento,
Delfina mía, sufro y estoy inquieta,
como tras un nocturno y terrible festín.

Siento abatirse sobre mí oprimentes terrores
y negros batallones de fantasmas revueltos
que quieren conducirme por caminos inseguros
cortados allá adonde vayan por un horizonte de sangre.

¿Es que hemos cometido una acción inaudita?
Explícame, si puedes, mi turbación y mi espanto:
tiemblo de miedo cuando me dices: "¡Ángel mío!"
y siento sin embargo que mi boca se dirige hacia ti.

¡No me mires así, tú, mi obsesión!
¡Tú a quien amo para siempre, mi hermana de elección,
aun cuando fueras una trampa tendida
y el comienzo de mi perdición!».

Delfina, sacudiendo su trágica maraña de pelo,
y como pataleando sobre un trípode de hierro,
la mirada fatal, respondió con una voz despótica:
— «Pero ante el amor ¿quién se atreve a hablar de infierno?

¡Maldito para siempre sea el soñador inútil
que por primera vez pretendió en su simpleza,
abordando un problema insoluble y estéril,
mezclar la honestidad en asuntos de amor!

¡Aquel que quiera unir en un acorde místico
la sombra y el calor, la noche con el día,
no caldeará jamás su cuerpo paralítico
con ese rojo sol que llamamos amor!

Si quieres, ve a buscar un novio mentecato;
corre a ofrecer un corazón virgen a sus besos crueles;
y, llena de remordimiento y de horror, toda lívida,
vendrás a devolverme tus pechos estigmatizados...

¡Aquí abajo no podemos servir más que a un amo!».
Pero la muchacha, desahogando un inmenso dolor,
gritó de pronto: —«¡Siento cómo se ensancha en mi ser
un abismo expectante; ese abismo es mi corazón!

¡Ardiente como un volcán, profundo como el vacío!
Nada puede saciar a este monstruo que gime
ni aplacará la sed de la Euménide[73]
que, antorcha en mano, lo quema hasta hacerle sangre.

¡Que nuestras cortinas corridas nos separen del mundo,
y el desfallecimiento nos conduzca al reposo!
¡Quiero aniquilarme en tus pechos hondos
y encontrar en tu seno el frescor de las tumbas!»[74].

— ¡Descended, descended, víctimas lamentables,
bajad por el camino del infierno eterno!
Hundíos en la sima más honda, donde todos los crímenes,
flagelados por un viento que no viene del cielo,

hierven confusamente con un ruido tempestuoso.
Sombras locas, corred hacia la meta de vuestros deseos;
nunca vais a poder aplacar vuestra rabia,
y vuestro castigo nacerá de vuestros placeres.

---

[73] Furia mitológica.
[74] Es probable que en su primera redacción el poema acabase aquí, y que las estrofas siguientes fueran añadidas por el poeta para prevenir la reacción de la censura, que ni así se aplacó.

Nunca un destello tierno iluminará vuestras cavernas;
Por las grietas de los muros hay miasmas febriles
que al penetrar se encienden como faros
e impregnan vuestro cuerpo con sus olores horrendos.

La áspera esterilidad de vuestro gozo
os hace más sedientas y endurece vuestra piel,
y el viento furibundo de la concupiscencia
hace ondear vuestra carne como una bandera vieja.

Alejadas de los pueblos fértiles, condenadas, errantes,
a través del desierto corred como los lobos;
¡cumplid vuestro destino, almas desbaratadas,
y huid del infinito que lleváis en vosotras!

IV

El Leteo [75]

Ven a mi corazón, alma cruel y sorda,
tigre adorado, monstruo de gestos indolentes;
quiero dejar hundidos mis dedos temblorosos
en la espesura de tu pelambre espesa;

en tus enaguas impregnadas de tu perfume
quiero sepultar mi cabeza apesadumbrada,
y respirar, como una flor marchita,
la dulce pestilencia de mi difunto amor.

---

[75] Río mitológico cuyas aguas hacían olvidar y donde bebían las almas de los muertos para borrar de su memoria la vida pasada.

¡Quiero dormir, dormir y no vivir!
En un sueño tan suave como la muerte,
repartiré mis besos sin un remordimiento
sobre tu hermoso cuerpo bruñido como el cobre.

Para ahogar mis sollozos sosegados
nada mejor que el abismo de tu cama;
el poderoso olvido habita en tu boca,
y el Leteo fluye en tus besos.

A mi destino, que es ya mi delicia,
obedeceré como un predestinado;
mártir sumiso, condenado inocente,
cuyo fervor acrecienta el suplicio,

he de chupar, para ahogar mi furor,
el elixir de dioses y la buena cicuta
en las yemas hechiceras de ese pecho afilado
que nunca ha aprisionado corazón.

V

A la que es demasiado alegre

Tu cabeza, tu gesto, tu talante
son bellos como un bello paisaje;
la risa juega en tu rostro
como un viento fresco en un cielo claro.

El que al pasar apenado tú rozas
queda deslumbrado por la vitalidad

que brota como un resplandor
de tus brazos y tus hombros.

Los clamorosos colores
con que salpicas tu atuendo
lanzan al alma de los poetas
la imagen de un ballet de flores.

Esos vestidos excesivos son el emblema
de tu espíritu multicolor,
loca que me has enloquecido,
¡te odio tanto como te amo!

A veces en un hermoso jardín
donde arrastraba mi depresión,
he sentido, como una ironía,
que el sol desgarraba mi pecho;

y la primavera y el verdor
han humillado tanto mi corazón,
que he castigado en una flor
la insolencia de la Naturaleza.

De esa forma quisiera, una noche,
cuando da la hora de los placeres,
hacia el tesoro de tu persona
reptar como un cobarde, sin hacer ruido,

para castigar tu carne gozosa,
para torturar tu pecho intacto,
y abrir en tu vientre sorprendido
una herida ancha y honda,

y, ¡oh dulzura vertiginosa!,
a través de esos labios adolescentes,
con más brillo que nunca y más hermosos,
¡infundirte mi veneno, hermana mía!

VI

Las joyas

La muy adorada estaba desnuda y, sabiendo mi gusto,
se había dejado encima tan solo sus alhajas sonoras,
en un aderezo suntuoso que le daba el porte triunfal
de las esclavas de los Moros en sus días felices.

Cuando al bailar suena agudo y burlón,
ese mundo brillante de metal y de pedrería
me arrebata hasta el éxtasis, y adoro a rabiar
las cosas en que el sonido se mezcla con la luz.

Ella estaba, pues, acostada y se dejaba amar,
y desde lo alto del diván sonreía satisfecha
a mi amor hondo y suave como el mar,
que ascendía hacia ella como hacia su acantilado.

Fija en mí la mirada, como un tigre domado,
con gesto vago y soñador, ensayaba posturas,
y el candor añadido a la lubricidad
daba un encanto inédito a sus metamorfosis;

y su brazo y su pierna, y su muslo y su grupa,
lisos como el aceite, ondulosos como un cisne,

se exhibían ante mis ojos lúcidos y serenos;
y su vientre y sus pechos, esos racimos de mi viña,

se me acercaban, más mimosos que los Ángeles malignos,
para turbar el reposo en que mi alma estaba sumida,
y para apartarla de la peña cristalina
en que, tranquila y solitaria, se había instalado.

Yo creía ver unidos en un diseño nuevo
las caderas de Antíope [76] y el busto de un efebo,
de tanto que su talle resaltaba su pelvis.
¡En la tez rojiza y morena el maquillaje quedaba soberbio!

— Y habiéndose la lámpara resignado a morir,
como tan solo el fuego del hogar iluminaba la habitación,
cada vez que él lanzaba un suspiro resplandeciente,
inundaba de sangre aquella piel ambarina.

VII

Las metamorfosis del vampiro

Lo cierto es que la mujer, con su boca de fresa,
retorciéndose como una serpiente entre ascuas,
forzando con sus pechos el hierro del corsé,
dejaba fluir estas palabras impregnadas por completo de almizcle:
— «Yo tengo labios húmedos, yo domino la ciencia
de borrar la vetusta conciencia en lo hondo de un lecho.
Enjugo cualquier llanto en mis pechos triunfales,
y consigo que rían los viejos con risa de niños.

---

[76] Una de las muchas mortales hermosas que Zeus conquistó, esta vez transformado en fauno.

¡Para quien me ve desnuda y sin velos, yo hago las veces
de luna, de sol, de cielo y de estrellas!
Soy, mi querido sabio, tan versada en placeres,
cuando sofoco a un hombre entre mis brazos temibles,
o cuando abandono mi busto a sus mordiscos,
tímida y libertina, y frágil y robusta,
que sobre estos colchones que desfallecen de emoción
¡los ángeles se condenarían sin remedio por mí!».

Cuando hubo absorbido toda la médula de mis huesos,
y yo lánguidamente me volví hacia ella
para darle un beso de amor, solo vi
¡un pellejo de contornos viscosos, repleto de pus!
Cerré los ojos, presa de un espanto frío,
y cuando volví a abrirlos hacia la claridad vívida,
a mi lado, en lugar del pelele corpulento
que parecía recién abastecido de sangre,
temblaban en desorden residuos de esqueleto
que producían el chirrido de una veleta
o de un cartel en la punta de una barra metálica
que el viento balancea en las noches de invierno.

Galanterías

VIII

El surtidor

¡Tus bellos ojos están cansados, mi pobre amante!
Sin abrirlos, quédate un buen rato
con esa postura indolente
en que el placer te ha sorprendido.
En el patio el surtidor que murmura
y no calla de noche ni de día
prolonga dulcemente el éxtasis
donde el amor me hundió al anochecer.

El chorro dilatado
en flores mil,
al que da sus colores
Febea[77] feliz,
cae como una lluvia
de lágrimas sin fin.

Así tu alma incendiada
por la chispa ardiente de los placeres

---

[77] Diana en su acepción de Luna.

se lanza, rápida y decidida,
hacia los vastos cielos encantados.
Luego se derrama, moribunda,
en una ola de triste languidez
que por una pendiente invisible
baja hasta el fondo de mi corazón.

El chorro dilatado
en flores mil,
al que da sus colores
Febea feliz,
cae como una lluvia
de lágrimas sin fin.

¡Oh tú, a quien la noche tanto embellece,
qué dulce es para mí, asomado a tus pechos,
escuchar el lamento eterno
que solloza en los estanques!
¡Luna, agua sonora, noche bendita,
árboles que tembláis alrededor,
vuestra pura melancolía
es el espejo de mi amor!

El chorro dilatado
en flores mil,
al que da sus colores
Febea feliz,
cae como una lluvia
de lágrimas sin fin.

IX

Los ojos de Berta

¡Podéis menospreciar los ojos más famosos,
vosotros, bellos ojos de mi niña, donde se transparenta y huye
un no sé qué de bueno, de tierno como la Noche!
¡Oh bellos ojos, derramad sobre mí vuestras tinieblas hechiceras!

¡Grandes ojos de mi niña, arcanos adorados,
os parecéis en todo a esas mágicas grutas
donde, detrás del cúmulo de las sombras letárgicas,
destellan vagamente tesoros ignorados!

¡Mi niña tiene ojos oscuros, profundos y enormes,
como tú, Noche inmensa, como tú iluminados!
¡Sus luces son pensamientos de Amor, mezclados con Fe,
que titilan al fondo, voluptuosos o castos!

X

Himno

A la muy querida, a la muy hermosa
que llena mi corazón de claridad,
al ángel, al ídolo inmortal,
¡salve en la inmortalidad!

Ella se extiende por mi vida
como un aire impregnado de sal,
y en mi alma insatisfecha
derrama el ansia de lo eterno.

Bolsita siempre renovada que perfuma
la atmósfera de un rincón adorable,
incensario abandonado que sahúma
en secreto durante toda la noche.

¿Cómo, amor incorruptible,
podría describirte con exactitud?
¡Grano de almizcle que invisible yaces
en el fondo de mi eternidad!

A la muy querida, a la muy hermosa,
causa de mi alegría y mi bienestar,
al ángel, al ídolo inmortal,
¡salve en la inmortalidad!

XI

Las promesas de un rostro

Oh pálida belleza, me encantan tus cejas fruncidas
    de donde parecen fluir las tinieblas;
tus ojos, aun tan negros, me inspiran pensamientos
    que no son precisamente fúnebres.

Tus ojos, muy acordes con tus cabellos negros,
    con tu mata de pelo flexible,
tus ojos, lánguidamente, me dicen: «Si quieres,
    amante de la musa vistosa,

responder a la esperanza que en ti hemos despertado,
    y a todos los anhelos que profesas,
podrás tener constancia de que somos genuinos
    desde el ombligo hasta el culo;

encontrarás en la punta de dos pechos turgentes
    dos grandes monedas de bronce,
y bajo un vientre liso, suave como terciopelo,
    cobrizo como la piel de un bonzo,

un vellón abundante que, sin duda, es hermano
    de esta inmensa cabellera,
suelta y rizada, y que te iguala en densidad,
    ¡Noche sin estrellas, Noche oscura!».

XII

El monstruo
o albricias para una ninfa macabra

I

Ciertamente, no eres, mi queridísima,
lo que Veuillot[78] llama un pimpollo.
El juego, el amor, la buena pitanza
borbotean en ti, ¡cacharra vieja!
Ya no estás tierna, mi queridísima.

¡Mi vieja infanta! Y sin embargo
tus correrías desenfrenadas
te han dado esa pátina espesa
de las cosas que se han usado mucho
pero que seducen, sin embargo.

Nada encuentro de monótono
en el verdor de tus cuarenta años;
¡prefiero tus frutos, Otoño,

---

[78]   Novelista ultracatólico, contemporáneo del poeta, que mostraba a las lectoras jóvenes cómo ser seductoras con todo recato.

a las banales flores de la Primavera!
¡No, tú no eres nunca monótona!

Tu armazón de huesos tiene donaires
y donosuras particulares;
encuentro exóticos sabores picantes
en los dos hoyuelos al pie de tu cuello;
¡tu armazón de huesos tiene donaires!

¡Búrlate de los ridículos que aman
los melones y las calabazas!
Prefiero tus clavículas
a las claves del rey Salomón.
¡Pena me dan esas gentes ridículas!

Tus cabellos, en forma de casco azul,
ensombrecen tu frente de guerrera
que piensa poco y poco se ruboriza,
y luego se escapan por detrás,
como la crin de un casco azul.

¡Tus ojos que parecen cieno,
donde centellea algún punto de luz,
reavivados por el colorete de tu mejilla,
lanzan un resplandor infernal!
¡Tus ojos son negros como el cieno!

Con su lujuria y su desdén,
tu labio amargo nos excita;
ese labio, él sí que es un Edén
que nos atrae y nos pasma.
¡Menuda lujuria, y menudo desdén!

Tu pierna musculosa y enjuta
sabe montarse en lo alto de los volcanes,
y a pesar de la nieve y de la indigencia
bailar los cancanes más fogosos.
Tu pierna es musculosa y enjuta;

tu piel tostada y nada suave,
como la de los viejos gendarmes,
sabe tan poco del sudor
como tus ojos de las lágrimas.
(¡Y aun así no le falta suavidad!)

II

¡Tonta, te vas al Diablo de cabeza!
De buena gana me iría contigo,
si tu espantosa velocidad
no me provocara cierto sobresalto.
¡Por eso, vete tú sola al Diablo!

Mis riñones, mis pulmones, mis pantorrillas
ya no me dejan rendir homenaje
a ese Señor, como sería justo.
«¡Ay, realmente es una gran lástima!»,
dicen mis riñones y mis pantorrillas.

¡Oh, muy de veras, cómo padezco
por no asistir a los aquelarres
para ver, cuando él suelta su pedo de azufre,
cómo le besas el culo!
¡Oh, muy de veras, cómo padezco!

Estoy demoníacamente afligido
por no poder servirte de antorcha
y por pedirte que me des licencia,
¡llama del infierno! Considera, querida,
hasta qué punto debo de estar afligido,

ya que desde hace mucho tiempo te amo,
¡nada más lógico! Efectivamente,
como quiero buscar la crema del Mal
y no amar más que a un monstruo perfecto,
¡realmente, sí, viejo monstruo, te amo!

Epígrafes

XIV [79]

Versos para el retrato de Honoré Daumier

Este cuya imagen te ofrecemos,
y cuyo arte, sutil como ninguno,
nos enseña a reírnos de nosotros mismos,
este que ves, lector, es un sabio.

Es un satírico, un burlón;
pero la energía con que pinta
el Mal y sus secuelas
da fe de la belleza de su alma.

Su risa no es la mueca
de Melmoth o de Mefisto
bajo la antorcha de Alecto [80]
que los abrasa, sino que nos hiela.

---

[79] El poema XIII de *Retazos* era "Franciscae meae laudes" (*LFM*, LX), que
figuraba al final de "Galanterías".

[80] Baudelaire mezcla la imagen de la furia Alecto, que aparece en la *Eneida*,
antorcha en mano, vigilando a los criminales, con las de dos personajes infernales:
Melmoth, de la novela homónima de C. Maturin, y Mefisto, el diablo, al que
aquel (como Fausto) vende su alma.

En ellos la risa, ay, solo es la parodia
dolorosa de la alegría;
en él irradia, abierta y ancha,
como un signo de su bondad.

XV

Lola de Valencia [81]

Entre tantas mujeres hermosas que nos llenan los ojos,
me explico bien, amigos, que el deseo vacile;
pero en Lola de Valencia se ve centellear
el encanto imprevisto de un relicario rosado y negro.

XVI

Sobre *El Tasso en prisión* de Eugène Delacroix

El poeta en el calabozo, desaliñado, enfermizo,
pisando convulso un rollo manuscrito,
contempla con una mirada inflamada de espanto
la escalera de vértigo por donde su alma se abisma.

Las risas aturdidoras que llenan la cárcel
le llevan la razón a lo absurdo y lo insólito,
la Duda lo rodea, y el Miedo ridículo,
repugnante y multiforme, gira alrededor de él.

---

[81] Escrito para acompañar al cuadro homónimo de E. Manet, este apunte picante se concentra al final en una combinación de colores especialmente erótica para Baudelaire. Ver XLI de *LFM*.

Este genio encerrado en un antro malsano,
las muecas, los gritos, el enjambre de espectros
que se arremolina sedicioso tras su oreja,

este soñador desvelado por el horror de su morada,
¡ahí tienes tu emblema, Alma de oscuros sueños,
que lo Real ahoga entre sus cuatro muros!

1842

Poemas diversos

XVII

La voz

Mi cuna se adosaba a la biblioteca,
Babel oscura donde novela, ciencia, trova,
todo, hasta el polvo griego y la ceniza latina
se mezclaban. Yo era de alto como un infolio.
Dos voces me hablaban. Una, insidiosa y enérgica,
decía: «La Tierra es un pastel henchido de dulzura,
yo puedo (¡y tu placer no tendrá fin entonces!)
hacer que tu apetito sea del mismo tamaño».
Y otra: «¡Ven, oh, ven a viajar en los sueños,
más allá de lo posible y de lo conocido!».
Y esta cantaba como el viento en los arenales,
fantasma plañidero, venido no se sabe de dónde,
que acaricia el oído y aun así lo amedrenta.
Yo te respondí: «¡Sí, dulce voz!». Desde entonces
dura esto que se puede llamar, por desgracia, mi llaga
y mi fatalidad. Detrás de los decorados
de la existencia inmensa, en lo más negro del abismo,
veo con nitidez mundos excepcionales
y, víctima extasiada de mi clarividencia,

arrastro al andar serpientes que muerden mis zapatos.
Desde aquel tiempo, como les pasa a los profetas,
me llenan de ternura el desierto y el mar,
río en los duelos y lloro en las fiestas,
y encuentro un gusto suave en el vino más amargo;
muy a menudo tomo por mentiras los hechos
y, por ir mirando al cielo, en los hoyos me caigo.
Pero la Voz me consuela y me dice: «¡Conserva tus sueños,
que los de los cuerdos no son tan hermosos como los de los locos!».

XVIII

El imprevisto

Harpagón[82], que velaba a su padre agonizante,
se dijo pensativo, ante aquellos labios ya blancos:
«Tenemos en el granero cantidad suficiente
            de tablas viejas, creo yo».

Celimena hace gorgoritos y dice: «Tengo buen corazón,
y naturalmente Dios me ha hecho muy hermosa».
—¡Su corazón, ¡encallecido, ahumado como un jamón,
            requemado ante la llama eterna!

Un gacetillero vacuo, que se cree una lumbrera,
dice al pobre que él mismo ha hundido en las tinieblas:
«¿A ver, dónde distingues a ese creador de lo Bello,
            a ese Desfacedor de entuertos que tú celebras?».

Conozco mejor que nadie a cierto libertino
que bosteza día y noche, y se lamenta y llora,

---

[82] Protagonista de *El avaro* de Molière. Del mismo autor encontramos en la
estrofa siguiente a Celimena, viuda rica y coqueta de *El misántropo*.

repitiendo, el impotente, el fatuo: «¡Sí, yo quiero
        ser virtuoso, pero dentro de una hora!».

El reloj, por su parte, dice en voz baja: «¡Ya está maduro,
el condenado! En vano amonesto a la carne infecta.
¡El hombre es ciego, sordo, frágil, como una pared
        habitada y roída por un insecto!»

Y después aparece Alguien de quien todos habían renegado,
que les dice, burlón y altanero: «¿Me equivoco
o habéis comulgado de sobra en mi copón,
        en la jolgoriosa Misa negra?

Cada uno de vosotros me ha erigido un templo en su alma;
¡habéis besado en secreto mi culo repugnante!
¡Por su risa victoriosa, reconoced a Satán,
        enorme y feo como el mundo!

¿Quizá habéis llegado a creer, sorprendidos hipócritas,
que se le toma el pelo al maestro, y que se le hacen trampas,
y que sea normal recibir dos recompensas,
        ir al Cielo y ser rico?

La presa tiene que rendirse al viejo cazador
aburrido de esperar tanto tiempo al acecho.
Voy a llevaros conmigo a través de la espesura,
        camaradas de mi triste alegría,

a través de la espesura de la tierra y la roca,
y de los montones deformes de vuestra ceniza,
hacia un palacio tan grande como yo, hecho de un solo bloque,
        pero no de piedra blanda;

pues está construido con el Pecado universal,
¡y contiene mi orgullo, mi dolor y mi gloria!».
— Mientras tanto, posado en lo alto de la creación,
          un Ángel anuncia la victoria

de aquellos cuyo corazón dice: «¡Bendito sea tu látigo,
Señor!, ¡bendito sea, oh Padre, el dolor!
En tus manos mi alma no es un juguete inútil,
          y tu prudencia es infinita».

El sonido de la trompeta es tan delicioso,
en estas tardes solemnes de las vendimias celestiales,
que penetra como un éxtasis en todos aquellos
          a los que alaba con su canto.

XIX

El rescate

El hombre tiene, para pagar su rescate,
dos campos esponjosos, profundos y ricos,
que le conviene remover y roturar
con la reja de su pensamiento;

para obtener la rosa más pequeña,
para arrancar escasas espigas,
tiene que regarlas sin descanso
con las lágrimas saladas de su frente gris.

Uno es el Arte, y otro el Amor.
— Para inclinar al juez a su favor,

cuando aparezca el día terrible
de la justicia rigurosa,

habrá que mostrarle los graneros
rebosantes de mies, y flores
cuyas formas y colores
se ganen el voto de los Ángeles[83].

XX

A una malabar[84]

Tus pies son tan finos como tus manos, y tu cadera,
ancha hasta dar envidia a la más hermosa mujer blanca;
para el artista pensativo tu cuerpo es suave y amoroso;
tus grandes ojos de terciopelo son más negros que tu carne.
En las cálidas tierras azules donde tu Dios te hizo nacer,
tu oficio es encender la pipa de tu amo,
disponer los pomos de aguas frescas y de aromas,
alejar de la cama los mosquitos merodeadores
y, desde que la mañana hace cantar a los plátanos,
comprar en el bazar piñas y bananas.
Durante todo el día llevas adonde quieres tus pies desnudos,
y canturreas bajito antiguas melodías desconocidas;
y cuando cae el sol con su manto escarlata,
reposas tu cuerpo blandamente en una estera,

---

[83] Al publicar este poema, Baudelaire lo privó de la que originariamente era su última estrofa, y que, tras una coma como final de la anterior, dice: "pero para no desperdiciar nada / que ayude a compensar la esclavitud, / todo eso ensanchará el patrimonio / de la libertad colectiva". Impidió así que su texto fuera interpretado en un sentido "socialista mitigado", como él mismo lo describió en una carta.

[84] De Malabar, región del SO de la India.

donde tus sueños ingrávidos se llenan de colibríes
y, como tú, son siempre gráciles y floridos.
¿Por qué, feliz criatura, quieres ver nuestra Francia,
este país superpoblado que el sufrimiento arrasa,
y, encomendando tu vida a los fuertes brazos marineros,
despedirte para siempre de tus queridos tamarindos?
Tú, solo a medias vestida de muselinas tenues,
tiritando allá lejos bajo la nieve y el granizo,
¡cómo echarías de menos tu ocio dulce y sin trabas,
si, sintiendo el talle preso del brutal corsé,
necesitaras mendigar tu pan entre nuestro fango
y vender el perfume de tus encantos exóticos,
con ojos pensativos, persiguiendo, en nuestras nieblas sucias,
los fantasmas dispersos de los cocoteros ausentes!

1840

Payasadas

XXI

Sobre la presentación de Amina Boschetti

en el Teatro de la Moneda de Bruselas

Amina salta –huye—, después hace una pirueta y sonríe;
el Welche[85] dice: «Todo eso es sánscrito para mí;
solo conozco, en materia de ninfas emboscadas,
las de *Montaña de las Hierbas Hortelanas.*»[86]

Con la punta de su pie delicado y con su mirada risueña,
Amina derrama a raudales el delirio y el buen gusto;
el Welche dice: «¡Huid, delicias engañosas!
Mi esposa no tiene esos modales frívolos».

Usted no sabe, sílfide de pantorrillas victoriosas,
que pretende enseñar el vals al elefante,
al búho la alegría, la risa a la cigüeña,

---

[85] Apelativo despectivo, relativo sobre todo al que en su habla se manifiesta
zafio y cazurro. El poeta lo emplea aquí para ridiculizar a los belgas.
[86] Calle de Bruselas conocida entonces por sus prostíbulos y cercana al
hotel donde se alojaba el poeta.

que ante la gracia ardorosa el Welche dice: «¡Alto ahí!»
y que si el dulce Baco le escanciara borgoña,
el monstruo respondería: «Prefiero mi cerveza».[87]

1864

XXII

A Eugène Fromentin[88]
A propósito de un impertinente
que decía ser su amigo

Me dijo que era muy rico,
pero que el cólera le daba miedo;
— que para su oro era muy agarrado,
pero que le gustaba mucho la Ópera;

— que le chiflaba la naturaleza,
tras haber conocido a Corot;
— que aún no tenía coche,
pero que eso pronto se arreglaría;

— que le gustaba el mármol y el ladrillo,
las maderas negras y las maderas doradas;
— que en su fábrica disponía
de dos capataces condecorados;

---

[87] Baudelaire emplea la palabra *faro*, denominación de una cerveza típica belga que el poeta consideraba mediocre: «*Faro* —escribió en otro lugar—, sinónimo de orina».

[88] Pintor que Baudelaire había elogiado en su *Salón de 1859*.

— que tenía, sin contar todo lo demás,
veinte mil acciones en la *Nord*[89];
— que había encontrado, por casi nada,
molduras de Oppenord[90];

— que en el Rastro (¡aunque fuera en Luzarches!)
gastaría hasta el último céntimo,
y que en el Mercado de los Patriarcas
había hecho más de un buen negocio;

— que no quería mucho a su mujer,
ni a su madre;— pero que creía
en la inmortalidad del alma,
¡y había leído a Niboyet[91]!

— que era partidario del amor carnal,
y que en Roma, lugar de aburrimiento,
una mujer, por cierto, tísica,
se moría de amor por él.

Durante tres horas y media,
este charlatán, que venía de Tournai,
me vomitó toda su vida;
de oírlo tengo la cabeza mareada.

Si hubiera que describir mi sufrimiento,
sería para nunca acabar;
yo me decía, conteniendo mi odio:
«¡Si por lo menos pudiera dormir!».

[89] Compañía de ferrocarriles.
[90] Famoso decorador del siglo XVIII.
[91] Autor de novelas moralistas, contemporáneo del poeta.

y no se atreve a irse,
restregaba con mi culo la silla,
soñando con hacerlo empalar.

Este monstruo se llamaba Bastogne;
venía huyendo de la epidemia.
Yo huiría hasta Gascuña
o iría a arrojarme al mar,

si en ese París que él teme,
cuando hayamos vuelto todos,
encuentro de nuevo en mi camino
a esta plaga, nativa de Tournai.

                              Bruselas, 1865

XXIII

Una taberna juguetona

En el camino de Bruselas a Uccle

Como se pirra por los esqueletos
y los símbolos odiosos
para salpimentar los placeres
(¡aunque sean simples tortillas!),

¡viejo Faraón, oh Monsele[92]!
ante este rótulo inesperado,
he pensado en usted: *Con vistas
al cementerio. Cafetín.*

---

[92] Poeta de buen tono («simples tortillas») que, mientras comía con Baudelaire, le había recriminado el empleo de imágenes funerarias y repelentes, sobre todo en el poema «Un viaje a Citerea» (*LFM*, CXVI).

Charles Baudelaire

PEDRO PROVENCIO (Alhama de Murcia, 1943) estudió Filología Hispánica y Lingüística y fue lector de español en las Universidades de Saint-Etienne y Lyon entre 1973 y 1980. Ha ejercido como Profesor de Lengua y Literatura Españolas en Institutos de Enseñanza Secundaria.

Entre sus libros de poesía pueden destacarse *Forma de margen* (1982, Premio Francisco de Quevedo del Ayuntamiento de Madrid), *Es decir* (1986, Premio Luis de Góngora de la Diputación de Córdoba), *Embrión* (1991, Premio Bienal Internacional de Poesía de León), *Deslinde* (1995), *Modelado en vacío* (2001) y *Ciento cuatro días* (2003, Premio Gabriel Celaya).

Es autor de varias antologías de poesía, entre las que destacan *Poéticas españolas contemporáneas* (Hiperión, 1988), *Poemas esenciales del simbolismo* (Octaedro, 2002), donde se incluyen numerosos poemas traducidos por él del francés y el italiano, y *Poesía erótica española e hispanoamericana* (Edaf, 2004).

Ha ejercido la crítica de poesía en diversos diarios y revistas especializadas. Una selección de sus ensayos puede encontrarse en *Buenas noticias para el lector de poesía* (2005).

Entre sus traducciones del francés figuran las novelas *Makeda* (Edaf, 1997) y *Los nueve enigmas del arquitecto* (Edaf, 2006), y el poemario *Espacio del instante* (Icaria, 2000), de Jean Follain.